从"相加"
迈向"相融"

中国省级党报集团媒体融合发展报告

俞文明 主编

本课题组成员：庞承 任琦 张智明
　　　　　　　傅爱玲 万笑影

团结出版社

图书在版编目（ＣＩＰ）数据

　　从"相加"迈向"相融"：中国省级党报集团媒体
融合发展报告 / 俞文明主编. —— 北京 ：团结出版社，
2017.1
　　ISBN 978-7-5126-3989-8

　　Ⅰ．①从… Ⅱ．①俞… Ⅲ．①中国共产党－党报－企
业集团－研究报告 Ⅳ．①G219.23

　　中国版本图书馆 CIP 数据核字(2016)第 319957 号

出　　版：团结出版社
　　　　　（北京市东城区东皇城根南街 84 号　邮编：100006）
电　　话：（010）65228880　65244790
网　　址：http://www.tjpress.com
E-mail：zb65244790@vip.163.com
经　　销：全国新华书店
印　　装：三河市东方印刷有限公司

开　　本：170mm×240mm　　　16 开
印　　张：19.75
字　　数：193 千字
版　　次：2017 年 2 月　第 1 版
印　　次：2017 年 2 月　第 1 次印刷

书　　号：978-7-5126-3989-8
定　　价：48.00 元

出 版 说 明

　　推动传统媒体与新兴媒体融合发展，是中共中央作出的重大战略部署。中共十八届三中全会明确，将推动传统媒体与新兴媒体融合发展作为深化改革的一项重要任务。2014 年 8 月 18 日，中央深改组审议通过了《关于推动传统媒体和新兴媒体融合发展的指导意见》。

　　传统报业，特别是省级党报集团，都是具有几十年办报历史的典型传统媒体，面对互联网的兴起和不断变化，如何以锐意改革的精神，加快与新兴媒体的融合发展，既是"救亡图存"的需要，更是巩固传统媒体主流舆论阵地，加快拓展互联网新闻舆论阵地的政治担当。

　　作为中宣部"四个一批"人才，作者申报的"省级党报集团媒体融合发展研究"课题，得到了中共中央宣传部和中共浙江省委宣传部的批准和大力支持。课题组花费心血，对课题作了比较深入的调研和分析，有些专题还委托相关专业人士进行调查分析。因作者本人所在的工作单位浙江日报报业集团近年来在媒体融合发展方面作了大胆的改革探索，得到了上级领导部门和业界的关注和肯定，故有关浙报集团的这方面的介绍和分析相对多一些。

　　媒体融合发展是一个不断变化着的命题，新技术的不断突破和发展，更使媒体格局日新月异，寻找新媒体的发展变化规律，并付诸实践探索，媒体人的使命永远在路上。

　　囿于能力和水平，此课题的研究还相当粗糙，仅供业界参考并诚望批评指正。

俞文明

2016 年 11 月

目录
Contents

第一章
媒体融合的概念和逻辑

第一节　媒体融合的多维视野

一、媒体融合（Media Convergence）的多重视角

　　无论是在理论方面，还是在实践层面，国外有关媒体融合（Media Convergence）的研究均早于国内。早在 1978 年，美国学者尼古拉·尼葛洛庞帝就用一个图例演示了三个相互交叉的圆环趋于重叠的聚合过程，这三个圆环分别代表计算机工业、出版印刷工业和广播电影工业，旨在说明不同工业即将和正在趋于融合，这应该是对"媒体融合"的最早阐述。事实上，最初的媒体融合多聚焦于"媒介融合"领域，也就是说，集中讨论的是媒体形态的融合，美国麻省理工学院的依梯尔·索勒·普尔认为融合是各种媒介呈现多功能一体化的趋势。美国新闻学会媒介研究中心学者安德鲁将媒介融合界定为"印刷的、音频的、视频的、互动性数字媒体组织之间的战略的、操作的、文化的联盟"[1]，其"联盟"界

---

[1]　新华社新闻研究所课题组：《中国传媒全媒体发展研究报告》，载《科技与传播》，2010.2（下）。

定具有一定的独特性。

随着传播技术的不断发展以及实践经验的向前推进，媒体融合这一新闻传播的主流趋势呈现出多重视角，且逐渐完善，其研究领域主要体现在：信息采集融合与新闻表达方式融合的路径和方式；媒体组织及生产流程变革；媒体人工作方式与角色转变；新闻编辑部的结构、功能和理念转型，等等。

西方学者李奇·高登对媒体融合作了系统梳理，他认为媒体融合有以下六个层面的内涵：一是媒体科技融合，即传播机构的数字化传播内容管理体系、传播平台的创建和广泛使用。二是媒体所有权合并，指国际大型媒体集团所有权的集中合并现象。三是媒体战术性联合，战术性联合并不需要媒体所有权合并，通常是指在不同所有制下电视、报纸、电影、网络等媒体之间内容和营销领域的通力合作。四是媒体组织结构性融合，指传媒从业人员的工作职责和媒体组织结构的变化。五是新闻采访技能融合，即媒体融合对新闻工作者提出新要求，不拘泥于一种媒体而是要求记者具有报纸、广播、电视、网络等媒体的全媒体技能。六是新闻叙事形式融合，即"融合新闻"，是指利用多媒体手段进行新闻传播活动，融合文字、图片、视频、音频、动画等多种形态的新闻叙事方式。

如今，随着媒体融合实践的纵深展开，国外媒体融合的研究还包括新传媒技术对新闻生产的影响，新媒体时代传统传媒业的重构与转型，融合新闻业的创新与动力机制，并开始反思传媒业正在发生的变革对新闻业自身以及社会、文化等方面的影响，等等。

二、媒体融合研究的中国思考

西方的 Media Convergence 引入我国后，存在着媒介融合和媒体融合两种主要翻译方式。本文所探讨的主要是媒体融合，较之带有较浓技术色彩的"媒介融合"，"媒体融合"更强调媒体之间在内容、渠道、平台、管理、组织以及新闻实践等方面的全方位融合。

2005 年，蔡雯教授较早地把 Media Convergence 引入国内。当时，她还对融合新闻作了延伸思考，她认为，集中和融合的媒体集团中不同的媒介可以通过某种流程控制实现资源重整，利用各自的介质差异，在新闻信息传播上实现资源共享而又形式各异，化竞争为合作，联手做大区域市场。但是，此后国内的媒体融合研究大多停留在趋势阐述与构想的层面。

不过，随着研究的深入，媒体融合的研究也日益细分化，同时业界的实践经验也助推了媒体融合研究。特别是 2014 年国家层面提出"媒体融合"战略后，国内对媒体融合的关注空前，有关媒体融合的研究也更加系统化，从表面到本质，从微观到宏观，内容更加丰富，观点更加多元。

第二节　媒体融合的逻辑起点和概念释义

一、关于融合的逻辑起点

"融合"一词并不陌生，在社会发展的各个领域，多有运用，如文化融合、两化融合等。而在传媒领域，自从 30

多年前被国外学者用于媒体，融合一词随着技术的推进，其涵义也在不断更新，从一定角度来讲，基本可以从对融合这一词的理解反射出当时媒体创新转型发展的状态。因此，本书立足于"融合"这一理论期待和现实趋势，紧扣当下我国报业转型的关键命题和发展趋势，基于"关系""嵌入"等理论的研究方向和理论框架，深入探讨报业媒体融合发展的理论与实践问题。

本书研究的融合，是传媒业借鉴其他领域发展的一种理论与现实趋势，是中国报业创新转型发展的一个关键点，这个关键点的界定，与报业转型实践是相互影响且相互促进的。

不过由于体制、机制、模式等方面的限制，如今报业集团的融合需要在实践过程中不断完善和发展"融合"的概念，反之，"融合"的理论创新也对报业的实践发展具有一定的现实指导意义。

因此，本书将从融合逻辑出发，探讨传统报业集团在转型发展过程中的各种问题并试图提出建议。

二、媒体融合的概念释义

1. 媒体融合与媒介融合

媒体，媒介，一字之差，其内涵、结构、关系、范畴等都有所区别。媒介，指的是信息传递的载体、渠道、中介物、工具或技术手段，而媒体则是指信息的采集、加工制作和传播的社会组织，拥有后端内容架构、生产流程、编读互动等系统支撑，即媒介＋内容体系的组合。因此，从定义所涵括的范围来看，媒介融合强调将不同的媒介形态"融合"

在一起，产生"质变"，形成一种新的媒介形态 [①]，如电子杂志、博客、新闻客户端等等。而本书所阐述的媒体融合则范围广阔，包括一切媒介及其有关要素的结合、汇聚甚至融合，不仅包括媒介形态的融合，还包括媒介功能、传播手段、所有权、组织结构等要素的融合。[②] 再聚于本书所集中探讨的报业集团范畴，也就是探讨报业集团在新形势下报纸与互联网、手机等新兴媒体传播渠道从内容、资源、平台、技术、组织架构、经营等各方面有效结合的理论逻辑与模式分析。

2. 平台

平台既是一种技术平台，更是指通过某一空间或场所的资源聚合的关系转换为传媒经济提供意义服务，从而实现传媒产业价值的媒介组织形态。在传媒产业视域下，媒体平台是一个中间型组织。它集成了传媒产业链中的各个模块，通过超级链接使这些模块不断产生交互，从而对社会关系进行不断地挖掘和建构，最终实现传媒注意力的聚合和传媒影响力的扩散。此外，除了这种链接性，媒体平台还拥有网络化和有边界两大特征。网络化比较好理解，在互联网技术快速发展的态势下，媒体平台多功能一体化的综合平台已呈现出网络化的特点，只是这种网络关系所涵括的范围越加广泛且多元综合。至于有边界，则是指这种扁平化综合性平台的边界蔓延不是杂乱无章的，而是基本稳定的。在融合的趋势下，平台既能重构边界，形成新的竞争关系，又能在一定阶段范围内，构建相对稳定的总体框架。

---

① 王慧杰，《新时期媒体融合的方式》，《声屏世界》，2010.5
② 罗庆学，《媒体融合的路径探索》，《中国报业》，2011.5

3. 全媒体

"全媒体"是媒介融合"中国化"的一个概念,是中国报业在面对互联网的强烈冲击时提出的一个"特殊"策略。提出伊始,"全"主要针对形态的多样一体化,后逐渐完善为对报业创新转型的一个"完美构想":这个全媒体既能保留原有传统媒体资源、品牌、平台的各种优势,又可以融入新兴媒体技术、互动、用户体验等新特点,突破机制、人才、传统新闻观念的限制,最终结构重组,成为新型的传媒集团。

4. 融合新闻

融合新闻是在媒体融合发展进程中产生的一种新闻表达形态,其融合了文字、图片、音频、视频等多种媒体产品形态。随着互联网技术的发展,除了形态一体化,融合新闻还不断推陈出新,产生与之前完全不同的新闻表达形态,如H5新闻、图表化新闻等等。

5. 流程再造

流程再造的基本定义是从根本重新而彻底地去分析与设计企业程序,并管理相关的企业变革,以追求绩效,并使企业达到戏剧性的成长。而传媒业的流程再造是对新闻生产过程进行重构,以适应媒体融合的发展要求。

第三节 报业媒体融合创新发展的多重逻辑

一、媒体融合概念的生成语境:互联网技术的推动

对于传媒业,技术起着非常重要的作用。无论是15世

纪机器印刷促进"新闻纸"的问世、19世纪电报的发明，还是20世纪30年代电力、电子技术促进的广播电视的诞生与发展，每一次技术的创新与发展都给传媒业带来了根本性的变革。如今，互联网技术所带来的传播网络化、无线化更是推动着传媒业的又一次重大变革。

从信息生产与消费来看，互联网使得信息生产已不再局限于媒体，原来处于被动接受位置的受众完全可以成为一个独立的信息生产者，如自媒体。而且，在网络世界里，人们的信息消费也发生了两端变化，快餐式信息消费、碎片化新闻、速览式阅读等成为受众信息消费的主流模式。

从受众需求来看，在互联网特别是移动互联网技术普及之前，受众获取信息的渠道较为单一，要求也不复杂。但如今，技术使得人们随时随地都可以获得各种各样的信息，而且手段的升级也让这种获知体验不断提升。

从报业自身角度来看，一方面，更加先进的计算机技术、网络技术、通信技术、视音频技术、数据库技术的进入，引领其内容生产与传播方式向前发展；另一方面，互联网技术也催生报业出现了多种新的媒体形态。这两方面的技术创新都为报业的媒体融合提供了基础与条件。

从媒体竞争环境来看，新技术使新媒体走进大众视野，并逐渐改变了传媒格局，它们不但参与了传媒领域内信息传播的大环境竞争，还对传统媒体环境、文化环境、经济和社会环境都产生了巨大而深远的影响。而在这种多元化的竞争与合作中，报业面临着不得不"救亡图存"的转型要求，在经历了报网互动、报网融合、媒介融合等基础转型发展后，媒体融合成为报业转型发展的必由之路。

二、报业媒体融合的市场、新闻、政治逻辑

1. 新闻逻辑：内容生产体系的专业性和舆论引导的社会属性

报业媒体融合的转型根本上还是基于新闻的专业逻辑驱动，而这种驱动性的创新主要还是体现在两个方面：内容生产体系的构建和舆论引导的社会属性。

在媒体融合的发展进程中，中国报业曾提出"全媒体"的概念，这是对报纸形态之困的焦虑，也是对内容呈现形式单一的认知，于是，才会有"全"这个概念的诞生，也就需要"融合"。从另一个层面来看，这也是对内容生产的自信和坚守，只不过在这个基础上进一步去强化这个核心竞争力，从而在"内容上"根植不可替代性：借用各种新型技术手段，如智能手机、平板电脑、数字采编平台等，来强化记者的专业能力；在更加开放的传播环境中，通过深度化内容、评析性内容、调查性内容这种对专业素养要求很高的金字招牌，确保自己新闻的价值；生产有新兴媒体传播特点的精准短小、鲜活快捷、吸引力强的信息……

再从舆论引导方面来看，互联网的出现也深刻地改变了舆论格局，出现了传统媒体和新兴媒体两个舆论场，而报业媒体融合要做的就是打通这两个舆论场。具体来说，就是报业集团正在借力信息技术成果，搭建融合一体的强势平台，引进、吸收、消化各种新兴媒体的优势和特点，从而实现各种媒介资源、生产要素的整合，构建立体化、多样化的现代传播体系，壮大主流舆论阵地，这也是报业媒体融合转型的最主要目的之一。

2. 市场逻辑：商业模式的变革与价值增量

传统报业一直遵循的都是"二次售卖"的盈利模式，而在新媒体的冲击下，广告份额却一再被分流。

面对新媒体的冲击，首先进入报业视野的就是"收费模式"，即基于报纸原创内容的"二次售卖"转换到了网站平台——读者可以付费阅读数字报纸或者相关新媒体内容。但在根深蒂固的免费观念下，这种模式的推行受阻程度可想而知。在国外，除了《纽约时报》《华尔街日报》等少数报纸的付费墙还算成功外，大部分报纸面临的是大量网上读者的流失。

如今，国内的报业集团对盈利模式的变革更具全局性，在考虑融合转型战略时，将盈利模式的变革贯穿于各个关节点：

——数据库的建立，以期实现精准营销。目标越明确，实际产生的效益就越大，而这种数据库营销的前提是报业将新闻、读者、客户等所有资源进行高度整合，并以新闻资讯产品作为报业资源的源头，通过不同传播渠道营销适合不同目标群的产品，在精准投放的基础上实现资源的一次开发多次利用。

——服务延伸。报业集团利用自身的资源优势，以市场化的运作理念，利用外界所关注的焦点，策划和举办各种富有创意的活动或事件，从而强化品牌。其次，还可从社交沟通、文化娱乐、商业服务等各个通道延伸服务，从而实现报业的价值增量。

3. 政治逻辑：立体多样、融合发展的现代传播体系

在传媒规制视野下，报业集团的媒体融合发展及推进是在国家政策和制度的支持下进行的：最明确的就是《关于推

动传统媒体和新兴媒体融合发展的指导意见》，这个意见对媒体融合的定义、发展方向、要求等都做了明确指示，可以说是报业媒体融合发展的大纲。

在新的传播格局中，报业通过媒体融合既可以延续传统新闻业的内容价值优势，又进一步提升自己的舆论影响力，构建立体多样、融合发展的现代传播体系，有效推动国家传播能力建设，并成为其重要组成部分。

三、新逻辑起点：传统与新兴媒体的全面融合

中国报业的融合发展经历了较长时间的探索，初步可以划分为以下三个阶段：

1. 报网互动：媒体融合的初级模式

21世纪初，网络媒体的蓬勃发展对报业产生了巨大的冲击，报业出现了成长乏力、广告增速下滑、读者市场萎缩等问题。面对这种局面，2006年初，全国39家报业集团的负责人聚集广州，共同议定《发起全国报业内容联盟的倡议书》，主要抵制网络媒体无偿或廉价地使用自己的内容，捍卫知识产权。[①] 但很快他们又意识到，不可盲目排斥网络媒体，在大势无法改变的情况下，还需积极寻求与网络等新兴媒体的合作共赢模式。"报网互动"进入了大家的视野。8月，向数字报业进军的号角正式吹响。

其实，在"报网互动"正式被提出之前，国内报纸早在20世纪90年代的中后期就已开始"触网"了，但一般仅限于推出简单的电子版。而2006年开始的报网互动则对两者

---

① 北京日报：《〈广州日报〉告〈今日头条〉偷搬头条》，2014.6.9

之间的合作方式有了新的突破，更多地体现在战略的层面。标志性的事件有：中安网正式并入《安徽日报》报业集团，北京千龙网被《北京青年报社》兼并，湖南的红网与《潇湘晨报》合并，《南方都市报》收购了"深圳热线"……掀起了报纸与网络媒体之间的合并、兼并、重组的高峰，并通过信源、宣传、广告、受众、发行、品牌等方面的互动，以期达到报纸与网媒的双赢。

在这个阶段，最常见的"报网互动"方式是，报纸仍然按照传统的传播方式给读者提供各种新闻与观点。如遇重大突发事件，网站可以先做出反应，然后第二天的报纸再对此做出综合性报道或相关的分析性报道。同时，报纸上也会做出"相关新闻请看"的指标型标识。这样，一方面报纸版面有限，详细内容可以在网络上体现，另一方面，读者也可以获取更多的新闻信息。

但这种报网互动似乎只停留在了新闻信息的互相补充层面，即使偶尔有深层次的交流，也是临时性的，不是常态。可以这么说，报纸与网站之间平时还是"各自为政"，只是按照两者不同的特点分配了一下"全面的报道"。于是，各种问题就产生了：报纸与网站，谁是主导？互动的核心是内容还是渠道？体制机制如何处理？是抱团还是竞争？以后会不会一方逐渐强大，另一方逐渐萎缩？……综合来看，主要有以下两个共性问题：

一是体制机制间的矛盾凸显。我国大多数报纸是"事业编制、企业化管理"的双重体制，但网站却是市场机制。所以，"报网互动"在运作过程中，越往深处走，差异就越凸显，也越难以磨合。更何况，不少报业集团只是将网站作为报纸的补充传播渠道。

二是简单叠加无法形成合力。报网互动的两个主体往往是各成体系，不符合数字报业对资源整合的要求。而且，这种互动也是没有针对性的，忽略了报纸受众与网络受众之间的差异，自己搭台，自己唱戏，却得不到受众真正的关注点。

因此，报网互动必将走向融合阶段，但不可否认的是，它仍是报纸转型过程中必须经历的一个阶段，从现在来看，可以说是媒体融合的初级阶段。

2. 报网融合：过渡性模式的承上启下

事实上，在"报网互动"正式启动没多久，很多发达地区的报纸，就已觉察了这种模式的缺陷，转而开始走报网融合的路子。从操作层面来看，报网融合与报网互动最大的区别是通过组织和制度的重构，对新闻资源进行合理配置和充分开发，简单来说，已不再局限于兼并或收购后的内容互动，还包括在产业链上的各个节点展开深度合作，完成内容经营、资本运营到组织结构的深度融合，也就是"报即是网，网即是报"。

这种"报网一体化"的发展模式充分利用了几年来积累的新闻信息发布平台，如报纸、网站、手机报、电子报纸、电子杂志、户外视屏等等，并从组织形态的改良、采编模式的转变以及流程的重新设计等方面开始进行探索。如全媒体记者、全媒体编辑的诞生，并逐渐将新型记者岗位化：《南方都市报》的摄影部首次设立视频记者岗位，《广州日报》的滚动新闻部，以及《烟台日报》传媒集团的全媒体记者，等等。在这个阶段，媒体对报业的性质、功能和价值观的认识，可以说是有了质的改变，总的来讲，就是"报纸和网络不再是两个独立的媒体，而是一个共同资源下不同的传播介质。"

可以说，这是报业媒体融合发展过程中不可或缺的环节，在这个环节，报业正确地认识到了如何与网络"相处"，开始从浅层次的互动走向深层次的互融，但同时，也因旧有规约的制约、媒介理念的重塑、管理架构的不明确等原因，操作时存在着种种问题。此外，最重要的是，还在用报纸的传播思维做网络，而不是互联网时代的传播思维。

3. 深度融合：报业的全面融合发展阶段

2014 年 8 月 18 日，中央全面深化改革领导小组第四次会议审议通过了《关于推动传统媒体和新兴媒体融合发展的指导意见》。中央全面深化改革领导小组组长习近平强调，推动传统媒体和新兴媒体融合发展，要遵循新闻传播规律和新兴媒体发展规律，强化互联网思维，坚持传统媒体和新兴媒体优势互补、一体发展，坚持先进技术为支撑、内容建设为根本，推动传统媒体和新兴媒体在内容、渠道、平台、经营、管理等方面的深度融合，着力打造一批形态多样、手段先进、具有竞争力的新型主流媒体，建成几家拥有强大实力和传播力、公信力、影响力的新型媒体集团，形成立体多样、融合发展的现代传播体系。[①] 在一手抓融合，一手抓管理，确保融合发展沿着正确方向推进的政策引领下，报业集团的转型进入了深度融合阶段，开始依靠大数据、云计算等信息技术深层挖掘信息内容，将不同媒介形态集中到一个多媒体数字平台上，电脑、手机等信息终端的功能一体化。

在这个阶段，融合的最大特点就是已不再局限于某一层

---

① 《关于推动传统媒体和新兴媒体融合发展的指导意见》，2014.8.18

面,而是从理念、技术、人才、机制、资本等各个方面开始融合,通过平台搭建、流程改造、服务延伸等各种手段进行深化,不再是报业与互联网两个主体共性并进或部分融合,而是"你中有我、我中有你"。

关键点一:信息服务。单一地提供新闻资讯已明显不能满足开放传播环境下的用户需求,而是要转变为个性化、有价值的新闻信息 + 服务。

关键点二:新型平台的搭建。从实际操作和效果来看,现阶段报业集团所创办的新媒体与一线互联网企业相比,在用户数、体量、影响力方面都存在巨大差距。事实上,谈融合,就避不开平台,因为如果没有平台,报业集团的融合就只能局限于内部。这个平台,包含几种形式,一是可以融合各种媒体的"立方型"平台;二是"平台级"新媒体的打造;三是资本平台。

关键点三:技术的开发与运用。报业集团需要通过技术支撑,为传统媒体转型带来决定性的推动力,但更重要的是要通过研发各类符合用户需求,由技术、运营驱动的产品,探索一条不同于从内容原创出发的新媒体发展之路。

报业实践表明,传统媒体与新兴媒体的融合,是一种全面的融合。既然是全面融合,就不是在原来传统媒体基础上叠加新媒体,也不是传统媒体业务与新媒体业务的并行,而是要实现各种媒介资源、生产要素的有效整合,实现信息内容、技术应用、平台终端、人才的共享融通,形成一体化的组织结构和传播体系。

第二章
国内报业集团媒体融合发展概况

媒体融合成为当下中国传媒业的最热词，也成为报业发展最重要的课题。

党的十八大以来，以习近平同志为总书记的党中央高度重视党的新闻舆论工作。2014 年 8 月 18 日，中央全面深化改革领导小组第四次会议审议通过了《关于推进传统媒体和新兴媒体融合发展的指导意见》，使媒体融合从媒体实践上升为国家战略；2016 年 2 月 19 日，习近平总书记在北京主持召开党的新闻舆论工作座谈会并发表重要讲话，提出了 48 字的党的新闻舆论工作的职责和使命——高举旗帜、引领导向，围绕中心、服务大局，团结人民、鼓舞士气，成风化人、凝心聚力，澄清谬误、明辨是非，联接中外、沟通世界。要承担起这个职责和使命，必须把政治方向摆在第一位，牢牢坚持党性原则，牢牢坚持马克思主义新闻观，牢牢坚持正确舆论导向，牢牢坚持正面宣传为主。

同时，要承担好这个职责使命，党的新闻舆论工作也必须适应新形势，勇于创新。习近平指出，随着形势发展，党的新闻舆论工作必须创新理念、内容、体裁、形式、方法、手段、业态、体制、机制,增强针对性和实效性。要适应分众化、差异化传播趋势,加快构建舆论引导新格局。要推动融合发展,主动借助新媒体传播优势。

由此,融合发展成为新的传播生态下国内主流媒体的必然选择。国内的各大报业集团纷纷提速媒体融合的进程,加深媒体融合的程度,力图从内容建设、采编流程、组织架构、人才培养、运营模式、产业链拓展等各个方面应对传媒领域的这场重大而深刻的变革,构建新形势下的新型主流媒体集团。

综合报业集团媒体融合实践(2014年和2015年),主要有以下五个关键词:

关键词一:中心化聚合型平台。媒体融合的一项重要内容是通过优势资源的互补、重组与整合,完成媒体资源大融合。中心化聚合型平台建设就是报业进行组织融合的一项新举措,该平台改变了传统报纸的部门设置,以新媒体时代新闻生产方式的诉求为基础,是报业进行转型的组织体系保证。

关键词二:两微一端。2014年至今,微博、微信和客户端组成的"两微一端",不但全方位打通了移动互联网时代的新闻入口,也是传统媒体进军互联网和移动互联网的主要端口。

关键词三:跨界与合作。传媒融合转型,与新传播技术进行结合,需要并且也必定会使传统媒体与新媒体、传统媒体之间、媒体与互联网公司等建立起合作关系。现在,国内报业集团随着一系列的相关合作,将不同专业领域的媒体或公司各自优势资源相结合,推进媒体融合向纵深发展。

　　关键词四：互联网＋。当广告渐行渐远，传统媒体还有没有新的活法？互联网＋就是一种拓展。随着传统报业数字化与网络化发展的不断深入，传统报业与基于互联网的新型商业运营模式进行合作已成为一种业务形态创新，传统报业介入互联网相关领域已成为可能，这样，报纸可以利用自身的受众、渠道、品牌影响力和公信力等优势资源获得商业利润，使媒体资源"变现"。

　　关键词五：借助资本市场。媒体融合需要强大的资金作为保障。因此，在资本方面获得突破，是传统媒体在互联网和移动互联网时代突出重围的关键。如今，许多报业集团通过上市、重组、收购与投资等多元化途径吸引资金，进行资本运作。

第一节　互联网思维下的全媒体传播格局的重构

一、用互联网思维推进媒体融合

　　从报业与新兴媒体的互动、融合的历程来看，在经历了把新兴媒体视为报业的延伸和补充、用"报业思维"办新兴媒体的阶段之后，国内报业集团对融合的理解更为深入。虽然实行模式有所不同，但都已普遍认识到用"互联网思维"改造报业，在互联网的框架下重新审视传播方式和构建新型舆论阵地的重要性。

　　《浙江日报》报业集团围绕集聚用户、服务用户这一核心，着力推动报纸读者向多元用户转变，大众化传播向分众化传播转变，从提供单一的新闻资讯服务向以新闻资讯为核心的综合文化服务转变，努力构建互联网枢纽型传媒集团；《河北日报》报业集团把"创新传播、融合发展"上升为集团意志与集团战略，以"互联网思维"布局和推进媒体转型升级；《广西日报》传媒集团也在媒体融合过程中引入了互联网思维的核心价值——用户思维和产品经理思维，除了通过社交媒体获取新闻线索和素材等资源外，还通过大数据分析，将个性化订制引入新闻生产，让新闻产品更符合用户的需求。

总体来看，无论是内容建设和传播体系，还是组织结构和管理体制的变革，国内报业集团都在努力将互联网思维作为媒体融合的"领航者"，以期通过充分利用互联网的价值、技术、方法、规则来指导、处理、创新工作的思维方式，把经营传统报纸的思维模式与互联网思维模式融合，完善融合思维的理论体系，建立读者至上的服务理念、以大数据支撑新闻采编以充分挖掘内容，使传统媒体多年建立起来的公信力和影响力与互联网时代免费推送、共享体验等聚合模式融为一体。

二、借力互联网技术促进融合发展

在传统报业融合发展中，顺应互联网传播移动化、社交化、视频化的趋势，将他人成熟的可利用的技术、平台、渠道和手段等用到报业的融合发展中来，才能取得融合发展的最佳效果。借助新型网络技术后，目前报业集团媒体的融合发展呈现出以下三种状态和趋势：

1. 多端齐发的媒体矩阵

互联网技术的快速发展，使受众获得信息的渠道越来越丰富，而既要满足这种需求又要让媒体传播更加快捷、覆盖更加广泛，单靠一种媒介肯定是不行的。纵观国内的省级党报集团，几乎每一家都拥有报纸、网站、移动客户端、手机报、微信、微博等各种传播渠道，基本构建了全覆盖、多端齐发的媒体矩阵。

2. 升级传播手段

如今，报业集团覆盖的多终端传播格局不但使其信息传播已脱离了原来仅限于文字和图片的传播方式，而且随着技术的发展，报业集团还积极融合各种新技术，根据自身发展需求，不断升级传播手段，拓展传播外延。其中《湖北日报》传媒集团的有关做法值得关注。

信息聚合。《湖北日报》传媒集团的互微网通过聚合技术手段萃取湖北各级政府部门、已取得认证的公职人员、网络大 V 的微博微信，将他们"自发布"的政策法规、当前热点、突发事件传递给受众，从而在第一时间呈现湖北政务、经济、民生、突发等各类信息和当前网络热点，有力提升了湖北微资讯自发布平台传播效果与新闻传播力影响力。

建立舆情监测系统。对全省 17 个地市州进行 24 小时监测，发现舆情信息及时反馈，并提出处置建议，平均每天处理信息逾 2 亿条，在提供大量及时新闻线索的同时，成为政府及社会各方面舆情处置的好帮手。

借力新媒体平台。《湖北日报》传媒集团大楚网借助微信平台，在全国范围内第一个实现了驾驶员违章信息查询、罚款手机代缴、路况信息等多种实用功能，引起公安部高度关注。

3. 布局移动端

如今，国内的省级党报集团大多数都已打造了或正在打造新闻移动客户端，以此作为党报全媒体融合的主要载体。从目前已开发的省级党报新闻客户端的定位来看，大多数党报集团还是把党报的传播延伸作为开发移动端的主要定位，并在此基础上，适当地推出能够满足受众需求的增值服务。

一是移动端的发展水平与新技术紧密相关。《广西日报》传媒集团 2013 年就做了一款结合了二维码（QR）和增强现实技术（AR）的手机应用端——"广传魔码"，成为架设于报纸与移动互联网的一道桥梁和推动传统党报与新媒体融合的敲门砖，简单来说，就是扫一扫二维码，会出现报纸版面的"延伸"内容。如"广传魔码"上线当天，《广西日报》就出版了"魔码特刊"《传播正能量 老记在行动》，不仅以文图形式叙述了 5 位记者的职业理想和历程，还利用 AR 技术，通过扫码让记者们在报纸上"动"起来，向读者讲述新闻背后的故事。

二是实体化。大众报业集团"山东 24 小时"建立了准确的报纸订户数据库，实行订报纸送手机客户端，从而使报纸订户和手机客户端用户一体化，媒体的一体化还能带动采编一体化和组织一体化再造。新华报业传媒集团推出的"交汇点"新闻客户端强调新闻是关键，将"全场域新闻"定义为差异化竞争的优势之一，且认为通过客户端，新闻可以不拘泥于时空，实现本土、全国和全球全场域的自由切换，重塑新型媒体集团的"融创力"。《河北日报》报业集团在新闻客户端的建设上，明确提出举全集团之力支持《河北日报》、河北新闻网打造一款集团的门户客户端"在河北"，其它媒体都不再进行同类客户端的重复投入，但各媒体的优质资源都会体现在这款客户端上。

事实上，随着移动互联网的蔓延式发展，新闻客户端已成为报业集团不得不抢占的舆论阵地、传播阵地，但从目前的实践情况来看，大多数报业集团的手机客户端还处于尝试阶段，没有清晰的商业模式。这是发展过程中的难点，也是未来可持续发展的关键。

第二节　通过不断改版强化内容建设

报纸的改版不是一个新颖的话题。自创办报纸以来，改版与报纸的发展一直是相伴相随的。只不过，这两年随着新媒体技术的发展，传统纸质媒体与数字化媒体融合程度的加深，新闻生产流程的改进，各大报纸的改版频率也逐渐在加快。通过不断改版，改进内容生产方式，强化内容生产能力，也成为传统报纸在融合发展之路上，不断探索、增强核心竞争力的手段。

做媒体融合中的旗舰，成为发展转型中的中坚力量，仍是党报重要使命。

综合来看，2013年以来，省级党报通过改版来提升内容建设主要有以下几个发展趋势：

一是更注重突出党媒的核心地位。随着两个舆论场的出现，省级党报在发展中始终将党报使命放在第一位。强调党报的党性原则，强调在网络舆论场中鲜明的党媒立场，也更强调自身的公益性。

二是重新强化内容生产的专业性。新媒体的快速发展，使得传统新闻出现向信息化、资讯化发展的趋势，而传统新闻的专业性却在迎合"碎片化、娱乐化"的趋势中淡化，在网络信息传播中处于弱势。作为专业新闻生产单位，近年来，许多党报意识到了这个问题，开始重新强调增加新闻生产的专业性，这些举措包括增加原创新闻生产、增加深度报道、加强新闻的观点性、塑造专家型记者、加强新闻展示技术开发等等。

三是内容生产的创新与改进成为常态。由于技术迭代，媒体内容生产的创新和改进，演变成了边改边试的常态。省级党报集团在推进融合发展上动作不断，而且为了方便内容生产的创新，各种临时性的机构、虚拟的部门不断创造出来，与现行体制机制并行，以实现让实践走在固化之前。而且，调研发现，党报的融合创新容易形成后发优势，有定位准确、不走弯路、投入产出比高的特点。

第三节　重组媒体内部组织结构

组织结构的重组是报业集团媒体融合进程中的重点，也是难点，只有在组织结构上进行"融合"，才能改变传统媒体与新兴媒体分离单干的状态，才能实现各种媒介资源、生产要素的有效整合和共享融通，才能最终实现新型主流媒体集团的转型。

一、构建融媒平台

搭建平台以形成新的竞争优势，已成为报业集团媒体融合转型中的"默契点"。这些多元化的平台体系，不但可以使报业集团优化流程结构，还可以在产业模式上依托平台进行市场边界的找寻和拓展。而且，从另一个层面来看，平台建设其实也是报业集团的另一种身份建设，增加了媒体属性之外的角色内涵。

报网融合平台。这个平台的搭建一般是以一家报纸为基础，然后融入相关的其他纸媒或互联网媒体，并构建相应的组织架构、操作流程等。

新媒体平台。是指将集团内部所有的新媒体聚合在一起，形成一个新媒体集群。开通于 2011 年 9 月的辽宁报业传媒集团旗下的《半岛晨报》新媒体平台就囊括了海力网、官方微博、新闻客户端、半岛晨报手机报等多种产品，并实现了一次采集、多次生成、多元发布的新型采编流程，第一时间推出最新鲜的新闻资讯，通过文字、图片、音频、视频等多种形式，全方位、立体化呈现新闻内容，让网友无限接近现场，感受原汁原味的新闻。

大数据平台。新技术在给报业集团带来挑战的同时，也带来了新的契机，那就是大数据挖掘的可能性。未来的发展目标是，通过信息技术构建自己的用户数据库，知道这些用户关心什么，在做什么，喜欢看什么内容，以及背后代表的用户取向，他们的价值诉求，然后再通过对这些诉求的整理、挖掘、分析，抓取用户和客户的痛点，为他们提供更好的渠道整合，或是更多的增值服务。

二、重构采编流程

纵观国内省级党报在采编流程上的创新，主要还是体现在"中央信息厨房系统"的构建，从实践操作来看，这个系统包括"常态性"和"机动性"两种模式。

1. 常态机制

"常态性"的中央信息厨房系统，已经从顶层设计贯穿到日常的新闻传播。如《广州日报》去年年底成立中央编辑部，就是"全日制"的典型，这个编辑部将新闻生产带入了"滚动采集、滚动发布"，由总编辑担任负责人，由最精干编辑担任中央编辑部的基础编辑，实现了"统一指挥、统一把关；多元呈现、多媒传播"的融合发展新模式。

2. 机动机制

建立一个机动中心，只在有重大主题报道或突发事件时启动，用"中央厨房"的方式报道新闻。新华报业集团搭建的中央厨房系统就是将集团从采访到编辑，从新闻发布到资料收集，从客户管理到经营发行，从单位发稿到移动办公，从一线业务到管理服务的文图信息采编处理都汇入，而目前主要还是应用于特定时期，如在全国两会报道期间，依托这个系统，新华报业整合了旗下《新华日报》《扬子晚报》《南京晨报》和中国江苏网、江苏手机报、微博微信群、移动客户端等新媒体，通过统一指挥调度、共建统一发稿平台，打造成由报纸、网络、手机报、微博微信群和移动客户端五种传播形式组成的全媒体矩阵，而全媒体记者则"给集团所有媒体发稿、用所有手段发稿、在所有时段发稿"。

三、整合媒体内外部资源

媒体资源的整合是报业集团媒体融合的关键之一，具体是指，媒体根据各种资源和内在联系，按照完整性和有序性原则，对资源进行调整、组合、配置、共享，并通过集聚、重构、优化，使媒体系统内各种资源发挥最大效益。目前看来，报业集团的资源整合主要分为内部资源整合和外部资源整合两个方面。

内部资源整合。这种整合主要是将集团内有关联的资源整合在一起，并不断优化，包括媒体与媒体之间，媒体与集团公司之间的部分整合。新华报业传媒集团就整合了集团内《新华日报》《扬子晚报》《南京晨报》《江南时报》等各媒体的摄影资源及图像采编力量，成立了视觉传媒中心。如今，该中心全面负责图像产品的统一采集、加工、存储，向集团内部以及省内外媒体（含报刊、网站、微媒、APP 等）提供图片新闻、音视频新闻产品。此外，视觉传媒中心还正在创建"视觉江苏网"，力争打造江苏规模最大、资料最丰富、存量最宏大、检索最方便的现代化一流视觉产品数据库，构建一个开放式的全新图像采集传播体系，向省内外各类用户提供线上线下、桌面移动等多渠道多终端的视觉产品和延伸服务。从战略角度看，这个视觉传媒中心是集团媒体融合创新的破冰之举，是集团"融媒发展实验区"创建的全新平台之一。未来，新华报业还将循序渐进，陆续推出数媒采编中心、体育产业中心、艺术品经营中心等深度融合平台群。

外部资源整合。这个整合的空间很大，值得报业集团注意的是，整合的内容是否与集团整体发展策略有关，是否对集团的发展有利，不能一把抓，而是需要有所选择地整合。

四、人才培养和结构优化

1. 人才培养与选拔

人才是加快媒体融合发展的根本。各大报业集团在人才引进、培训和转型方面都做了很多努力，推动采编人员从传统媒体记者向全媒体记者、从新闻采编导向向网络用户导向转型，以期拥有一批可以全天候、全功能"作战"的全媒体人才、复合型人才以及领军型人才。

为了实现这一目标，报业集团都采取了多种措施，加强人才队伍建设，为加快媒体融合发展提供人才保障：

一是深入发掘优秀人才。《湖北日报》报业集团建立起以业绩为导向的人事管理机制，为优秀人才脱颖而出、施展才干创造良好环境，此外，在新媒体产品研发中，让优秀技术人员脱离繁重的网络维护工作，专心从事新媒体应用研发工作。

二是加快培养复合型人才。《浙江日报》报业集团、《湖北日报》报业集团举办全媒体培训班，邀请高校教授、业内专家、运营商代表、商业网站负责人等进行全员培训，培养记者全媒体采编意识，熟练运用新媒体采编技能。新媒体集团还不定期举办夜校，对员工进行实战培训，一批编辑记者迅速成长为能编能写能熟练运用新媒体的多面手。

三是大力引进领军型人才。《湖北日报》、《浙江日报》报业集团在内部挖掘培养人才的基础上，先后从上市公司、商业网站、高新技术企业引进数十名高级专业人才，这些人才成为集团加快报网融合发展的中坚力量。

新华报业传媒集团的"微博值班制"担负了纸媒转型人才孵化器的重要功能。着重从年轻记者入手，着力培养全媒体发稿意识。在《新华日报》的官方微博于2013年11月正式上线后，就形成了一个特殊的制度——凡进报社工作三年以内的年轻记者、编辑，全部轮流参加双休日的微博值班。而且，这种值班制还"反哺"了纸媒，很多有了微博值班经历的记者再给《新华日报》写稿，落笔已有了明显不同，对改进党报文风大有裨益。

第四节　探索多元化经营模式

权威的品牌影响力、对行业发展专业而深入的洞察、庞大的广告客户资源数据库等，都是传统媒体的优势，也是媒体在新传播时代变现的基础。在新传播时代，与大数据技术、移动互联网技术等结合，打造全媒体营销专家平台，为客户提供整体营销与咨询服务，将使传统媒体的这些优势发挥最大商业效应。

一、创新广告经营

不可否认，在新媒体的冲击下，国内传统报业的经营出现了读者流失、老龄化、报纸版面减少等问题，给广告经营带来诸多困难。但传统纸媒的传播力和影响力并未下降，也从一定程度上意味着广告经营的未来未必是一条"死路"。面对挑战与机遇并存，报业需在经营的思路、方式上有所转变，要从纯粹的广告经营向真正的品牌管理转型，除了提供广告服务外，还要为客户提供企业形象传播、宣传服务、市场营销策划以及危机公关等多元服务。

目前，从国内报业集团的实践来看，最常用的手段还是运用全媒体平台，举办各种品牌营销活动。

《广州日报》报业集团的做法值得研究。他们用平台来实现资源整合和价值组合,广告流向哪里,他们的广告平台就拓展到哪里。除了利用好报纸的平台外,还通过建立包含报刊、户外、互联网和移动互联网等多种媒体互动营销的内容生产和广告投放技术平台,打通多种媒介的边界,实现计算和存储资源的虚拟化和智能化,为运用大数据技术,优化内容生产和广告投放,实现用户行为数据可计量以及新媒体转型集约化做好准备。此外,集团还利用先进的数字技术对传统媒体进行数字化改造,用互联网的思维、数字化的手段、产品化的运营来推动传统媒体转型升级,创新传播和经营模式,如整合建设读者数据库、报料平台和呼叫中心,逐步实现新闻历史资源数字化、标签化、结构化、可视化,力争早日实现《广州日报》历史内容资源的在线浏览、查询与二次销售;利用积累和产生的资讯、读者、广告客户等海量数据资源,利用数据挖掘技术开展数据分析业务,尝试拓展精准化营销和个性化的内容服务。集团 2015 年成立了广报数据科技公司,在试水大数据分析业务的同时,谋划与国内外知名数据科技公司以及高校科研机构等进行战略合作,争取在这个板块有所突破。

2. 拓展多元产业链

传媒业竞争的加剧,促使越来越多的报业集团在做好传统产业的同时,都在积极布局多元产业发展,以期形成未来发展的战略支点,实现从单一报业集团向多元文化产业集团战略转型。此举各地思路、手段、政策支持各不相同。但笔者认为,作为传媒集团应该妥善处理好多元化与核心产业、多元品牌产品与核心品牌产品的关系。

3. 资本运作

传统报业不断发展，对资本的需求越来越大。尤其是进入新媒体时代后，不仅要支撑传统业务，还要发展新媒体，加强资本运作势在必行。因此，国内报业集团都在尝试利用资本手段切入新媒体转型关键产业，渗透并整合产业链上下游，实现产业化演进。这样，凭借适当的资本运作，将可能引发相关产业延伸发展的质变；通过对相关资源的精确调动配合，多条产业链可以彼此促进、有效优化，最终实现产业集群。

对传统媒体和新兴媒体融合发展来说，创新内容建设、平台搭建、组织重构、创新经营等都是实现路径，但并不是最终目的。可以预见的是，随着媒体融合的进一步深入，新技术新平台更多涌现，新模式新路径不断创建，整个报业未来业态还将发生更大变化，这都需要在学习中积极探索，在探索中坚定前行。

案例分析

案例 I 《人民日报》报业集团

《人民日报》高度重视媒体融合发展工作，把加快媒体融合发展作为当前和今后一个时期的重要任务。坚持以技术驱动为重点，拓展渠道、丰富手段、聚拢用户，推动形成适应互联网发展的全新媒体发展布局。瞄准移动互联网技术最新发展，把《人民日报》客户端项目作为融合发展的切入点；瞄准云计算技术的运用，把《人民日报》全媒体新闻平台项目作为资源互联互通、业务转型升级的重要载体；瞄准大数据技术的运用，把《人民日报》数据中心项目作为媒体融合发展的底层支撑。

一、创新观念和意识

一是树立进取意识，破除守成心态。近年来，人民日报社以传统媒体和新兴媒体"两手抓"实现"两手硬"，已经由过去的一份报纸，转变为全媒体形态的"人民媒体方阵"，成为拥有报纸、杂志、网站、电视、广播、电子屏、手机报、微博、微信、客户端等10多种载体、数百个终端载体的媒体集团。目前，报社共拥有29种社属报刊、44家网站、118个微博机构账号、142个微信公众账号及31个手机客户端，覆盖总用户超过2.5亿人。一个形态各异、载体多样的现代传播体系也已初具雏形。

二是树立主动意识，破除观望心态。人民日报社制定了《人民日报社加快传统媒体与新兴媒体融合发展工作方案》，提出经过3年左右的努力，进一步优化全社新闻信息生产的体制机制，使《人民日报》成为全媒体生产、多渠道传播的新型媒体集团；按照"一次采集、多种生成、多元传播"的模式，建立内容丰富、形态各异、载体多样、覆盖广泛的现代传播体系；围绕舆论引导和信息服务两个基本任务，形成国内顶尖、国际一流的传播渠道集群和具有较强市场竞争力的信息服务产品集群。

三是树立自觉意识，破除应付心态。人民日报社瞄准移动互联网技术的最新发展，把《人民日报》客户端项目作为融合发展的切入点和突破口。2014年6月，《人民日报》客户端正式上线，面向移动互联网，打造主流新闻门户、权威观点引擎、聚合信息平台。目前，用户自主下载量已超过

4200 万。以客户端上线为契机，人民日报社在微博、微信、客户端之间实现了用户、内容、资源的融通，抢占了"两微一端"移动传播制高点，《人民日报》法人微博粉丝总数超过 6500 万，影响力长期居媒体微博榜第一名，《人民日报》微信公众账号排名中国报纸微信公号第一名。报社还在全国 23 个省区市开设电子阅报栏，目前已建成并正常运行近 2 万块。可以说，人民日报已经形成覆盖桌面互联网、移动互联网、社交媒体、电子屏等各类终端的现代传播体系。

四是树立创新意识，破除迷茫心态。从 2015 年两会报道开始，人民日报社依托建设中的全媒体新闻平台，试行"中央厨房"工作机制，编辑记者联动，前方后方呼应，借新流程倒逼新机制，靠新技术催生新产品，强力推进人力资源聚合、生产流程融合、采编力量整合、网上网下结合，初步实现了记者一次采集，编辑多次生成，渠道多元传播，并加速了记者与报纸、网站、"两微一端"之间的高效对接。此外，还为 174 家海外主流媒体量身定做、定制推送新闻产品，占领国际舆论场，提升国际话语权，扩大了《人民日报》的全球传播力和影响力。

二、人民网是人民日报媒体融合发展的新媒体旗舰

首先是《人民日报》的互联网媒体。作为人民日报社社属网络媒体，人民网一直传承着党报的红色基因，始终坚持政治家办网，在众声喧哗的网络舆论氛围中发挥着"定海神针"和"中流砥柱"的作用。为更好地净化网络空间，人民网首创辟谣类栏目《求真》，已澄清 600 余条网络谣言和虚假信息。

其次是生产、传播优秀文化产品的国家级企业。人民网推出原创视频栏目《十分感动》，每周一期，以微视频的形式,讲述网民身边普通人的感人故事,展示草根人物身上蕴含的不平凡的正能量。这个栏目获得中国网络视听协会"社教类"优秀栏目。

第三,人民网是同行业领军的上市公司。人民网作为国内第一家 A 股上市的新闻网站,第一家在国内 A 股整体上市的媒体企业,拥有互联网新闻传播全产业链,产品覆盖全国,延伸海外。综合传播力长期居中央重点新闻网站排行榜榜首。

三、《人民日报》客户端成为移动传播布局主力军

2014 年 6 月 12 日,《人民日报》客户端上线,以此为标志,《人民日报》的移动传播形成了微博、微信、客户端的完整布局。而人民网和报社所属各类媒体借助自有平台,或通过微博微信等社交平台,提供优质内容,聚拢了大量的用户,形成了一个有着较大影响力的媒体矩阵。

如今,该客户端还给《人民日报》带来了三个转变:一是改变了传统报纸的采编流程。客户端不是简单照搬报纸内容,而是立足移动互联网传播,整合各类新闻内容,重塑融合状态下的采编机制。现在,《人民日报》的记者、编辑、评论员,都改变了原来单纯地为传统媒体供稿,而是实时提供权威、独家的新闻事实和观点意见。二是改变了与用户之间的连接模式。传统报纸与读者之间单向、间接、松散、延迟的连接发生了改变,转变为融合媒体与用户以及用户之间的多元、直接、紧密、实时的连接。无论是内容运营还是产品体验,用户需求的反馈都十分及时,用户生产内容成为不可或缺的组成部分。三是改变了单纯提供内容的运营模式。从传统形态下的报纸,到融合形态下的产品,运营模式正在

向既提供优质内容，又提供特色服务的方向转变。客户端通过服务成为连接用户、机构、企业、政府的平台，成为导入信息、服务、资源、流量的入口。

案例Ⅱ　上海报业集团

2013 年 10 月 28 日，上海报业集团正式挂牌成立，由《解放日报》报业集团和文汇新民联合报业集团两大党报集团整合重组，掀开了上海主流媒体的新篇章。

上海报业集团领导认为，上海报业集团重组整合的历程，本身就是一个融合发展的历程：一方面是通过原解放、文新两大报业集团的融合，提升上海主流媒体尤其是《解放日报》、《文汇报》、《新民晚报》三大报的舆论影响力；另一方面也是以此为契机，推进传统媒体和新兴媒体的融合发展。

2013 年关停了《新闻晚报》后，上海报业集团在 2014 年新动作不断，新项目频频上马，大举扩张。2014 年 1 月 1 日，与百度合作运营的百度新闻上海频道上线。同日，由解放日报社出品的资讯类产品"上海观察"（移动设备客户端、网站、微博、微信公众号等）同时运营。7 月 22 日，主打高质量原创新闻、聚焦时政新闻领域的"澎湃新闻"网站、微信公众平台及客户端上线。9 月 22 日，专注财经商业的新闻网站"界面"正式公测，随后移动端低调面世。另外还有文汇报的"立体报纸"、"百日千里"APP，新民晚报的APP 移动集群以及累计 7 万订户的"侬好上海"微信公众账号等小型项目投入。

上海社科院近期发布的《2015 上海传媒蓝皮书》表明，上海报业集团的媒体融合发展成效引人瞩目，已经并将继续产生示范效应和品牌效应。上海社科院新闻研究所所长强荧认为，上海报业集团自建的"澎湃新闻""界面""上海观察"三大新平台的项目定位、功能与布局"思路清晰准确"。其中，新媒体平台"上海观察"以"党报的自贸区"为定位，探索收费阅读新模式，打造党报新媒体品牌；"澎湃新闻"以网站、客户端、微信为主要载体，短期内在用户群、议题设置能力、影响力等领域发展迅速；"界面"定位为金融媒体电商，致力打造中国式"彭博"互联网金融信息服务平台，令人期待。

至此，上海报业集团主抓三类平台的集聚和培育，形成了以平台战略为核心的媒体融合发展新格局。

一、积极主动进军新媒体

上海报业集团制定的新媒体发展战略，最大化地发挥了集团的整合优势，在平台上做集成、做孵化，从产品、项目的单体打造走向围绕新媒体产业布局和发展模式的顶层设计。

一是优化已有平台，推动解放日报社、文汇报社、新民晚报社等一批自办网站的升级。总体上，这些新媒体中的传统媒体，是向轻型化、个性化同时适应移动阅读的方向发展，逐渐脱离以往的大而全。

二是对接成熟平台和技术，力争在手机报、微信、微博和新闻客户端等方面发力，全方位布局移动互联网传播渠道。比较受关注的举动，是与百度公司合作创办上海频道，打造"搜索上海的第一选择"。集团旗下各媒体一年多来先后开设 160 个官方及垂直细分的微信公众号，形成一批用户过万的微信矩阵，如《新闻晨报》的官方微信用户已达 60 万，居上海媒体之首；而它的官方微博，"粉丝"超过 1500

万。有一些运作良好的微信公众号还获得了上海市委宣传部的资金支持。

三是从内容生产的核心竞争力出发，建设三大"现象级"新媒体平台，即"上海观察""澎湃新闻"和"界面"。

"上海观察"。由解放日报社创办，在上海报业集团成立不久后试运行，2014 年 1 月 1 日正式上线。"上海观察"以上海本地的党政干部、机关公务员作为目标用户，旨在主流价值观主导下生产适合互联网环境下读者需求的内容，提升党报在主流读者中的影响力和公信力。目前它的 APP 下载量超过 52 万，收费订户数为 26.5 万。

"澎湃新闻"。由东方早报社团队运作，广受关注。2014 年 7 月 22 日上线以来，迅速跻身中国互联网最大的原创新闻内容提供商之一，成为互联网传播中时政新闻领域的主要品牌。"澎湃新闻"的用户遍及海内外，主要集中于中国一二线城市，特别是北京、广东和上海用户占 30% 以上，境外用户占 10%。澎湃新闻实现了大规模、成建制的传统媒体向新媒体的转型，并初步形成一些可供复制、推广的经验，其用户数保持着稳定快速的增长。

"界面"。上海报业集团与其他方面合资建设，是大型原创精品商业新闻网站，2014 年 9 月 22 日上线。它由网站、移动客户端及系列微信群构成，包括原创新闻、摩尔金融、Jmedia 自媒体联盟、定制电商等多个板块。"界面"从集中互动报道知名企业、上市公司、重大财经商业事件入手，主要针对城市中高端人群、公司人群和机构用户。它利用互联网技术，建设了一个用户参与内容生产的原创互动机制。目前，"界面"用户量快速提升，Alexa 数据排名中的平均浏览时间和平均浏览页面数已超越一些大型门户网站。

2014 年底,"界面"发起基于微信公众账号覆盖移动用户最广的自媒体联盟——JMedia,作为自身发展的第二步。目前,JMedia 已经吸引真实报名成员近 2000 家,涉及 20 个垂直行业领域,涵盖用户约 2 亿。由主流媒体对数量庞大且分散的自媒体进行整合、集成,不仅有利于主流媒体扩大影响力,也能对现存"野蛮生长"的自媒体形成正向的影响和引导。未来,"界面"还希望通过提供各类优质服务黏住核心用户,进而切入公司人群的理财、求职、电商以及机构的资产管理业务等,最终发展成一个汇聚公司人群和城市中产人群的互动社区。

经过努力,上海报业集团打造了一批影响广泛、形态多样、竞争有力的新媒体项目,探索了推动媒体融合发展的新机制,促进了内容生产的流程再造,产生了一定的示范效应。

二、深化融合的思考

当前,上海报业集团正在努力从互联网产品、互联网机制和互联网环境等三个方面深化融合。

互联网产品

上报集团要实现从互联网媒体产品向媒体互联网产品更高阶段的深化。主要是围绕互动、平台、服务三个方面。

互动:澎湃推出了"澎湃问吧",打造精品问答平台。"界面"即将推出基于城市公司人群的商业社交系统,赋予更多的互联网属性。

平台:2015 年初尝试建设的自媒体联盟(JMedia)为界面的内容传播和用户增长扩展了新的手段,迈出了向具有平台属性的互联网公司转变的第一步。

服务：自 2015 年 9 月 22 日上线测试以来，"界面"基本完成了以财经商业新闻业务为切入点、用户付费的金融信息服务（摩尔）和精选电子商务（尤物）为辅的创新业务布局。一篇定价为 288 元的分析报告在 24 小时内真实销售额超过 20 万元，引发投资界关注，初步证明了专业付费阅读模式能够成立。

集团逐步探索传统媒体做一个互联网产品的基本逻辑：首先把传统媒体的品牌、理念、团队等生产要素从"纸"的载体向互联网和移动互联网的平台去迁移；进而把优质的内容通过技术支撑、渠道运营，转化为激发流量的入口；最终通过广告、服务等不同方式实现流量变现。这样，可以从集团若干个"现象级"的新媒体项目中诞生未来"平台级"的互联网产品。

互联网机制

首先是报网融合机制。在这点上，《解放日报》"三箭连发"：建立了全媒体生产传播流程，解放网各频道与报社各采编部门紧密对接，打造 24 小时采编链，即时滚动发布信息，改善了党报在互联网上的生产和传播效率；同时，调整组织架构，改革薪酬考核，倒逼记者向全媒体记者转型。解放网和上海观察记者日均原创发稿量大幅提升，且多数为独家报道，并被其他网站、客户端等转载；《新民晚报》重点推动"三环联动"的融合模式，全媒体中心为核心环，全媒体记者群为紧密环，全部采编人员为外围环，由里而外逐层推动员工的全媒体生产意识。

其次是探索有效的激励机制。当前，集团迫切要探索既与互联网时代相配套又充分考虑意识形态领域特殊性的有效激励机制，确保互联网媒体人才队伍的优化和稳定。

集团在打造上海观察、澎湃、界面等一系列新媒体项目的过程中，都是把自己当做和团队捆绑在一起的联合创业者，为他们提供创业所必需的环境、体制机制和服务支撑。这些体制机制上的探索，归根到底一条，就是在坚持党管媒体的前提下，探索新媒体项目符合规律的运作方式。

互联网环境

打造创新创业的内部环境。集团已经出台了内部创新创业扶持计划，旨在发掘有市场潜力的商业计划和有潜质的创业领军人才，重点扶持那些具有商业模式、能够通过报业集团在品牌、公信力、内容生产等方面的资源优势确保发展的新媒体项目，推动从一个创意逐步向项目、模式、业务，再到具备完整市场对接能力的互联网创业公司的转变。

鼓励"野蛮生长"。"野蛮生长"，是指要有"野蛮"的想象力、创造力和生长力。对一些新业务、新项目，集团允许"灰度"的适度存在，允许多点尝试，而不是给出像螺丝钉一样的明确指令。集团认为，虽然"野蛮生长"可能会伴随一定程度、一个时期的"混乱"，但是，如果暂时的"混乱"可以带来生机勃勃，带来一个全新的生态系统，那就是值得的，野蛮生长，从而万物生长。

案例Ⅲ　南方报业传媒集团

一、南方报业媒体融合

南方报业传媒集团作为国内较早着手转型的报业集团之一，2013 年 5 月以来，紧紧围绕"深耕主业、多元开拓、加快转型、融合发展"十六字发展战略，南方报业迅速启动

"一体（即南方报业传媒集团这个主体）两翼（分别为南方网和集团新媒体有限公司）"融合发展布局，初步探索了一条全媒体融合传播之路，以提升党报集团的复合传播能力和舆论引导能力。

在集群层面，南方报业已经形成了五大集群，包括党报党刊党网集群、都市类媒体集群、财经类媒体集群、周报类媒体集群和时尚旅游文化类媒体集群。

在信息系统层面，集团层面全力搭建一体化的信息平台和数据库建设，涵盖南方都市报在内的全媒体集群，从两年前开始筹建物理和技术层面的信息集成中心：集成系统和中控台，进行生产流程和组织架构等配套重组，谋求整体转型，构建起新的生产力、生产关系。

在产品层面，南方报业形成了不断丰富、逐步升级的六大产品线，包括平面媒体、网络媒体、移动媒体、广电媒体、户外 LED 和电子阅报栏。

集团大力推动南方网与《南方日报》在平台资源、体制机制和人才队伍等方面的深度融合，实现党报党网传播力、公信力、影响力交融共赢。目前，报网融合效果已经显现。《南方日报》影响力进一步向网络空间延伸。《南方日报》和南方网利润都大幅增长，在传统媒体经营普遍下滑的情况下，取得这样的成绩殊为不易。在此基础上，集团还全力推进南方网转企改制，谋划更大发展，将其打造成集团乃至广东媒体融合发展的示范与核心平台。

二、南方报业核心产品"南方＋"简介

2015 年 10 月 23 日，南方报业集团另一个全媒体拳头产品——"南方＋"客户端正式上线运行，南方报业传媒集团的全媒体矩阵，又增添了一支生力军。

"南方+"客户端，是南方报业面对移动互联网发展大势，在全媒体转型领域做出的最新探索，也是南方报业从报网融合走向全媒体全端口融合的关键一步。这是南方报业打造"一报一刊一网一端"立体传播格局的战略举措，也是广东作为传媒大省，面对移动互联网的时代考题交出的一份答卷。目标如下：

做"新闻＋服务＋社交"的平台型产品

近年来，南方报业传媒集团已先后通过官方微博、微信公号、手机报等多种产品形态，切入移动互联网市场。2015年年初，为进一步了解市场态势，准确掌握用户需求，南方报业采用网络问卷、走访、座谈会等多种方式，在广东省内展开了一次样本数超过5000人的移动端用户使用习惯调研。

调研结果显示，在信息过剩的背景下，用户对高品质新闻和信息的需求会更加旺盛。南方报业传媒集团在传统媒体时代积累的大批忠实读者群，对于能在移动互联网终端继续阅读到具有浓厚南方特色的新闻报道，继续使用南方报业提供的权威信息服务，抱有强烈期待。

调查同时表明，以知识分子、专业人士、青年白领、大中专和高中学生等为主体构成的移动互联网主流用户，不仅对于高质量的互联网内容信息有着迫切需求，对于政务办事、健康、运动、教育、社交、购物等垂直领域的功能性产品也有强烈需求，对新奇有趣的移动互联网技术应用普遍抱有浓厚兴趣。

为了在移动互联网领域更好地服务读者和用户，推动媒体融合发展、转型升级，南方报业在2015年4月做出决策——通过整合集团优质资源，打造一个具有强大舆论引导力、市场竞争力、开放聚合力的移动互联网产品——"南方＋"客户端。

"南方＋"客户端并非只是传统媒体在移动互联网上的延伸，其定位也不是单纯的新闻客户端。面对泛用户群体的多样化需求，"南方＋"更希望通过做"＋"法，成为一款能够为广东、为用户，也为南方报业自身创造出更多价值的平台型产品。

做"＋"法，体现在服务能力的升级：在"互联网＋"的时代背景下，南方报业要通过客户端进一步"＋"行业、"＋"用户、"＋"新兴产业，从而打造和提升新的服务能力，推动广东早日实现"三个定位、两个率先"的战略目标。做"＋"法，体现在新闻服务的超越：客户端通过"新闻＋服务＋社交"的功能设计，在融合南方报业强大而优质的新闻服务的基础上，可为用户提供全面的信息服务、生活服务和政务服务，从而为用户创造更便捷、更美好、更有价值的生活。做"＋"法，还体现在用户体验的优化上：客户端将超越传统新闻生产传播方式，从机构生产向用户参与生产转变，从周期传播向即时传播转变，从文图表达向数据分析和可视化呈现转变，并以此倒逼流程再造和采编人员的转型升级，推动南方报业的融合发展。

在垂直领域探索内容产品化

作为国内外知名的传媒集团，南方报业旗下拥有《南方日报》、南方杂志、南方新闻网、《南方周末》、《南方都市报》、《南方农村报》等多个优质媒体，集团专业化采编人员超过2000人。这是南方报业最宝贵的财富，也是"南方＋"

客户端建设运营的基石所在。

依托南方报业旗下媒体的优质内容和专业团队,"南方+"客户端在新闻模块设置了新闻首页和时事、经济、观点、文娱、生活、城市六大新闻主频道,全天候提供第一手权威信息、原创报道和深度分析。其中新闻首页以长标题+精选图片的模式,第一时间呈现最重要的新闻资讯、最即时的新闻快报,起到速览与导读的作用。城市频道则分为21个子频道,借助LBS技术,实现地域化呈现。全省21个地市的用户,可以第一时间了解到身边正在发生的新闻。

新闻凝聚注意力,服务创造价值。在新闻主频道之外,"南方+"客户端还设置了"孵化器""自贸区""防腐前沿""球会"等一系列小切口、深耕耘,具备垂直化特征的订阅频道。这些订阅频道不仅能为用户提供有深度的新闻报道,也力图将垂直领域的新闻与服务融会贯通,向用户提供更多实用化的信息服务乃至政务服务与生活服务。

以订阅频道"孵化器"为例,该频道一方面是广东省及各地创业孵化支持政策的权威发布渠道与推介渠道,另一方面也将打造成"政、产、学、研、资"等多种资源的集聚交流平台,通过O2O等方式,为多方面用户提供完善的创业项目对接服务。

除了在订阅频道中尝试打通新闻与服务之外,"南方+"客户端还依托与广东省及各地党政机关的长期合作关系,通过嫁接省、各地市网上办事大厅,接入公安、民政、工商、医疗、税务、公积金中心等部门政务服务项目等多种方式,为用户提供周到细致的政务办事服务;为满足用户日常生活需求,"南方+"客户端在城市频道和生活频道也开拓、连接了系列生活服务项目，包括订机票、订餐等等。

让用户全方位参与新闻生产与传播

"南方+"客户端大胆创新，通过多个特色功能模块的设计与开发，让用户能够全流程参与新闻生产与传播。

通过"讨论"和"追问"功能，"南方+"客户端的用户可以对报道各抒己见、提出疑问，和南方报业共同挖掘新闻背后的故事；通过"定制"功能，用户可以对南方报业即将生产的新闻选题实施预订操作，从而更精准地阅读自己感兴趣的内容；通过用户直播模块，"南方+"客户端实现了"人人是记者"，用户可以把拍摄的图片和视频上传到客户端，把自己捕捉到的新闻现场分享给数百万人；通过微论坛模块，用户可以直抒胸臆，针砭时弊，为广东发展建言献策，网络民意也借助这一平台而直达高层。

在内容和服务的呈现形式上，"南方+"客户端也着力突破传统平面媒体的束缚，力争实现从文图表达向数据分析和可视化呈现的转变，满足用户多样化需求。"南方+"客户端还引入了广东广播电视台的音视频资源，用户不仅可以通过"南方+"读新闻，还可以看新闻、听新闻，实现全媒体传播。

从单向度的"我写你看"，变成多维度互动交流；从单纯的图文表达，变成多样化的全媒体传播。传播方式和呈现形式的变化，必然要求内容生产流程随之改变，并对生产团队提出了更高要求。以"南方+"客户端的开发运营为契机，南方报业传媒集团特别是南方日报社倒逼流程再造，从采编协调机制、新闻快速生产机制、用户交流机制、绩效考核机制、产品化运营机制等多个领域深化改革，实现传统媒体和新媒体在内容生产节奏上的融合。

第三章
省级党报官方微博观察

　　纵观目前国内报业集团的新媒体进程，都离不开"两微一端"平台建设，清华大学沈阳教授形容"双微引领传统媒体转型，自有APP潜力巨大"。作为新媒体两翼之一的微博，美国《时代周刊》曾如此评价微博在信息传播上的强大功能——"微博是地球的脉搏"。但媒体江湖，风云莫测，随着微信繁荣，客户端兴起，曾经在人们社交生活中掀起一个又一个热门话题的微博被认为逐步走向"没落"。

　　那么，微博真在"衰退"吗？媒体微博现实的运营情况如何？媒体微博发展趋势及传播效果到底受到哪些影响？

　　有鉴于此，以31家省级党报为研究范围，通过省级党报官方微博新观察、媒体微博运营样本分析、媒体微博未来发展思考三个主题研究，以期为媒体行业今后微博运营是留是舍，何去何从，提供些许依据。

　　数据来源及说明：本文中的数据来源于笔者对省级党报新浪官方微博的统计。数据样本范围均在相关图表中作说明。

　　研究方法及介绍：本文以定量分析为主，运用了对比分析、交叉分析、内容分析等研究方法。

指标体系及解读：根据《2012 新浪媒体微博报告》《2013 新浪媒体微博报告》《2013 年微博用户发展报告》《2014 年微博用户发展报告》《2014 媒体行业发展趋势报告》等参考内容，本文研究的省级党报微博影响力由活跃度、传播力及粉丝量三方面组成，相较单纯的粉丝数量来说，能更客观反映微博账号的运营情况。

第一节　省级党报官方微博新观察

观察一：数说省级党报微博

据新浪微博官方统计数据（截止到 2015 年第一季度），媒体微博账号（认证媒体数）2.9 万，明星微博账号（个人认证用户）突破 70 万，企业微博账号（企业账号）82 万，政府微博账号（政务微博）13 万。目前 31 家省级党报开通官方微博的基本情况统计如下。

表 1　省级党报官方微博基本情况

序号	省市名称	媒体名称	开通时间	认证信息	发布时间段
1	北京	《北京日报》	2010–12–22	《北京日报》官方微博	7:30—22:30
2	上海	《解放日报》	2012–11–19	《解放日报》官方微博	8:00—22:21
3	天津	《天津日报》	2013–6–24	《天津日报》官方微博	7:32—23:30
4	重庆	《重庆日报》	2012–4–13	《重庆日报》官方微博	7:40—23:10
5	河北	《河北日报》	2011–6–8	《河北日报》官方微博	7:30—22:30
6	山西	《山西日报》	2013–11–13	《山西日报》官方微博	8:00—23:00

续表

序号	省市名称	媒体名称	开通时间	认证信息	发布时间段
7	内蒙古	《内蒙古日报》	2013-11-29	《内蒙古日报》官方微博	6:34—20:20
8	辽宁	《辽宁日报》	2011-4-18	辽宁报业传媒集团《辽宁日报》	7:00—23:00
9	吉林	《吉林日报》	2013-4-20	《吉林日报》官方微博	7:20—19:35
10	黑龙江	《黑龙江日报》	2012-10-9	《黑龙江日报》官方微博	8:00—23:00
11	江苏	《新华日报》	2013-11-8	《新华日报》官方微博	9:07—22:28
12	浙江	《浙江日报》	2010-3-11	《浙江日报》官方微博	7:30—23:30
13	安徽	《安徽日报》	2012-11-14	《安徽日报》法人微博	7:45—23:42
14	福建	《福建日报》	2013-6-1	《福建日报》官方微博	7:30—23:33
15	江西	《江西日报》	2011-2-26	《江西日报》官方微博	7:00—23:30
16	山东	《大众日报》	2015-1-20	《大众日报》官方微博	——
17	河南	《河南日报》	2013-2-28	《河南日报》官方微博	7:38—22:29
18	湖北	《湖北日报》	2012-6-8	《湖北日报》官方微博	7:00—22:30
19	湖南	《湖南日报》	2012-8-8	《湖南日报》官方微博	8:17—21:40
20	广东	《南方日报》	2010-1-15	《南方日报》官方微博	8:00—22:56
21	广西	《广西日报》	2013-6-8	《广西日报》官方微博	8:17—23:10
22	海南	《海南日报》	2013-3-1	《海南日报》官方微博	8:00—23:00
23	四川	《四川日报》	2013-12-30	《四川日报》官方微博	6:30—22:54
24	贵州	《贵州日报》官微	2014-6-25	《贵州日报》官方微博	14:03—14:14
25	云南	《云南日报》	2013-1-16	《云南日报》	8:22—20:00
26	陕西	《陕西日报》	2013-2-27	《陕西日报》法人微博	8:05—22:45
27	甘肃	《甘肃日报》	2014-12-4	《甘肃日报》微博	8:38—16:42
28	宁夏	《宁夏日报》	2013-8-19	《宁夏日报》官方微博	8:02—22:30
29	新疆	《新疆日报》	2011-8-17	新疆日报社官方微博	11:08—23:44

备注：①文中涉及微博均指新浪微博；②数据统计截止至2015年12月1日；③微博开通时间以该官方微博发布第一条微博为准。

　　31 家省级党报，有 29 家开通官方微博，均已进行官方
认证，截至 2015 年 12 月 1 日，《西藏日报》和《青海日报》
未开通微博账号。

　　除《贵州日报》开通的微博名为"《贵州日报》官微"
外，其余 28 家党报微博均以报纸名称"** 日报"为账号名
称。在 29 家媒体官方微博中，集中开通时间在 2013 年，有
13 家，其次是 2012 年有 6 家，2010 年和 2011 年分别有 3
家和 4 家微博开通，2014 年有 2 家微博开通，最晚的 1 家
《大众日报》，于 2015 年 1 月 20 日开通。

　　在正常运营的 28 家省级党报微博中，《贵州日报》和
《新疆日报》的微博维护时间不定，其余 26 家官微的更新时
间一般在 7:00—23:00 之间，突发情况会在凌晨加更。这说
明，官微背后有专人运营，保证白天人群活跃期间均有信息
发出，保证微博信息发布的即时性特征。

　　由此可见，虽然外界都因微信和客户端的发展唱衰微博
发展，但省级党报媒体仍坚持"两微一端"共同发展，并未
放弃微博的运营维护。根据发布微博总数，排名前十的微博
账号发布微博总数都超过 3 万条。

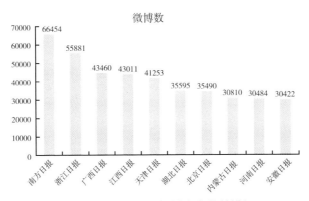

图 1　省级党报官方微博发布总数排行

省级党报微博的影响力大小，是基于活跃度、传播力和粉丝量三方面组成的。其中，根据新浪微博官方统计，本文特意增加了新浪微博平台自带的微博等级指数（新浪官方说明：微博等级是用户活跃和荣誉的见证。随着用户在微博上的探索和成长，等级会随之增长）。以下是对 28 家省级党报微博的影响力指标统计：

表 2　微博影响力指标说明

序号	影响力指标	具体指数
1	活跃度	每天主动发微博、转发微博或 @ 微博的有效条数、关注数
2	传播力	与微博被转发、被评论、被点赞的有效条数相关
3	粉丝量	微博在一定时间节点内被关注的人数

表 3　省级党报官方微博影响力指标

媒体名称	微博等级	每日发布微博数	被点赞量	转发量	评论量	主动转发率	主动关注粉丝数	粉丝数
北京日报	30	21	8.1	5.62	1.52	57.1%	310	1935938
解放日报	28	10	2.4	6.0	0	10.0%	429	1451562
天津日报	26	37	6.11	6.78	5.32	5.4%	849	783425
重庆日报	28	38	4.76	3.84	0.84	7.9%	642	570616
河北日报	29	19	7.53	10.11	1.47	15.8%	724	2495578
山西日报	24	40	1.08	1.85	0.48	2.5%	146	314721
内蒙古日报	25	68	1.31	2.84	0.21	1.5%	2015	1225433
辽宁日报	27	15	4.13	9.2	3.6		203	720002
吉林日报	26	15	1.73	1	0.53		347	547410
黑龙江日报	22	10	1.2	1.7	0.2	30.0%	136	119355

续表

媒体名称	微博等级	每日发布微博数	被点赞量	转发量	评论量	主动转发率	主动关注粉丝数	粉丝数
新华日报	27	24	7.08	6.21	2.38	4.2%	210	2451633
浙江日报	31	19	4.05	4.21	1.84		515	1293650
安徽日报	28	39	8.49	6.49	3.87	7.7%	311	756494
福建日报	26	27	2.48	3.81	2.44	7.4%	200	476698
江西日报	31	36	10.75	6.97	12.7	13.9%	897	1552509
河南日报	27	29	14.6	13.5	5.41	10.3%	574	3492739
湖北日报	29	28	5.89	8.43	2.11	3.6%	292	2934704
湖南日报	26	14	2.21	3.29	1.21		325	1047485
南方日报	33	31	73.7	109.8	50.9	3.2%	330	4000813
广西日报	27	57	9.16	7.07	2.75	40.4%	797	769228
海南日报	27	29	9.59	5.28	9.10	3.4%	789	1438315
四川日报	27	37	9.32	8.30	3.00	21.6%	353	782018
贵州日报官微	19	3	1.33	0.33			114	304716
云南日报	14	14	2.43	1.5	0.14		44	248094
陕西日报	26	7	2.57	4.43	0	14.3%	278	180999
甘肃日报	16	16	0.69	4.5	0.25	6.3%	64	4350
宁夏日报	25	21	1.57	1.62	6.24	28.6%	448	211150
新疆日报	27	33	0.73	1.06	0.27	6.1%	666	121188

备注：①被点赞量、转发量、评论量为平均每条被点赞量、转发量、评论量；②主动转发率为官方账号转发或@其他账号的有效条数，主动关注粉丝数为官方账号对其他账号关注的数量，粉丝数为关注该媒体官方微博的数量；③因新浪第三方数据并未对外公开，受笔者时间、精力限制，数据仅对2015年11月24日微博进行统计分析，准确性不足，仅供参考。

　　粉丝量是验证官微存在及价值的基本指标，而被转发、被评论和被点赞数代表了粉丝对官微每条信息发布后的反馈动作，评论和点赞提供了更多网友的意见和态度，转发则扩大了微博的影响力，从这些指标可以让我们对官微的影响力有一个显著的感受。而新浪微博等级是新浪自我评估的一个数据，也具有一定的参考价值。

根据微博等级，排名前 3 的分别是《南方日报》、《浙江日报》和《江西日报》（并列第二）、《北京日报》。其他微博账号等级均在 Lv.30 以下。

根据活跃度指数，每日发布微博数排名前 3 的是《安徽日报》、《湖南日报》、《广西日报》。28 家官微中，仅有 2 家官微更新条数为个位数，分别是《黑龙江日报》和《贵州日报》官微；平均每日主动转发率，即每日官方账号直接转发或 @ 其他账号内容的微博占当天微博发布总数比例排名前 3 的分别是《北京日报》《广西日报》和《黑龙江日报》，分别达到 57.1%、40.40%、30.0%；主动关注粉丝数排名前 3 的是《内蒙古日报》《江西日报》和《天津日报》，分别达到 2015、897、847 个。

根据传播力指数，平均每条被点赞排名前 3 的分别是《南方日报》《河南日报》和《江西日报》，分别是 73.7、14.6、10.75 次 / 条；平均每条微博被转发排名前 3 的分别是《南方日报》《河南日报》和《江西日报》，分别达到 109.8、13.5、6.97 次 / 条；平均每条微博被评论排名前 3 的分别是《南方日报》《江西日报》和《海南日报》，分别达到 50.9、12.7、9.1 次 / 条。

根据粉丝量，排名前 3 的是《南方日报》《河南日报》《湖北日报》，其余 25 家官微中，百万粉丝量以上有 9 家，10 万粉丝量以上有 15 家，粉丝量最少的是《甘肃日报》，仅 4350。

观察二：省级党报微博的内容选择

表 4　省级党报官方微博 2012 年至 2015 年微博发布数量变化（指定日抽样数据）

官微名称	2012 年（条）	2013 年（条）	2014 年（条）	2015 年（条）
北京日报	5	18	27	21
解放日报	23	21	18	10
天津日报	0	42	47	37
重庆日报	9	15	26	38
河北日报	0	13	30	19
山西日报	0	17	24	40
内蒙古日报	0	0	41	68
辽宁日报	0	31	21	15
吉林日报	0	100	15	15
黑龙江日报	0	22	14	10
新华日报	0	30	34	24
浙江日报	51	51	41	19
安徽日报	17	22	28	39
福建日报	0	21	29	27
江西日报	42	31	32	36
河南日报	0	25	36	29
湖北日报	12	16	39	28
湖南日报	0	26	33	14
南方日报	36	50	37	31
广西日报	0	51	53	57
海南日报	0	5	37	29
四川日报	0	13	36	37
贵州日报官微	0	0	23	3
云南日报	0	11	11	14
陕西日报	0	15	31	7
甘肃日报	0	0	0	16
宁夏日报	0	26	26	21
新疆日报	0	1	47	33

　　这是研究统计 2012 年 11 月 24 日、2013 年 11 月 24 日、2014 年 11 月 24 日和 2015 年 11 月 24 日当天 28 家省级党报官方微博发布的微博总数。从数据变化来看，2012 年 11 月 24 日仅有 8 家媒体发布微博，这一年微博仍处于起步阶段。2013 年 11 月 24 日和 2014 年 11 月 24 日除《甘肃日报》外，其余二十几家微博发布数量递增，省级党报官微处于发展阶段。虽说 2015 年微博发展不被看好，但从数据来看，各家省级官微基本仍保持了与 2014 年持平的更新状态，没有明显的"放弃"现象。

　　具体来说，28 家省级党报微博内容主要分为原创和转载两大类型，原创内容一般包括三个方面：①本身党报版面优秀稿件；②党报所属集团其他媒体来源稿件，如网站；③专门的记者来稿，如《浙江日报》《天津日报》《湖北日报》等官微均有记者署名微博。这就一定程度上决定了省级党报微博本土化特征较为明显，平均每日微博发布中本土新闻占比排名前十的如下图所示。此外，笔者观察认为，省级党报微博在转发信息时较为谨慎，一般均以权威媒体为信息源。

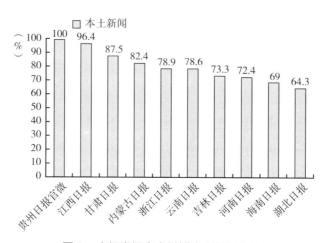

图 2　省级党报官方微博本土新闻占比

　　从微博发布的内容类型来看，省级党报微博日常发布有区域性差异，但对全国性重大事件和突发性事件均有涉及，如全国两会、薄熙来庭审、天津港口爆炸等；从微博发布内容的体裁来看，以新闻为主，评论为辅，省级党报官微发声能力较弱；从微博发布形式来看，以往的 140 字 + 图片的形式已经被突破，随之出现更多短链接、长微博图片以及视频。

观察三：微博现状的几个判断

1. 微博还未死去

　　你的手机里还有微博软件吗？很多人虽然已经不用微博了，但不代表微博没有新生力量的加入。据新浪 2015 年第二季度财报显示：2015 年 6 月微博月活跃用户数（MAU）为 2.12 亿，同比增长 36%。6 月份移动端 MAU 在总 MAU 中的占比为 85%。2015 年 6 月的日活跃用户数（DAU）为 9300 万，同比增长 34%。新浪微博的用户数虽然仅有微信的约三分之一，但仍在持续增长中，并非我们简单认知中的已经"没落"了。

　　仔细留意，我们还是能发现微博依然活跃的痕迹。第一个现象，就是微博的娱乐性、八卦性。青少年的追星在哪里？在微博上，所以微博仍拥有一个年轻有活力的群体。换句话说，我们不用微博了，可能是因为我们老了。就好比很多 70 后、80 后可能已经不再使用当年风靡的 QQ 空间了，但 QQ 空间在年轻一代的社交圈中仍火爆。第二个现象，媒体微博在微博中的分量仍然很重。如《人民日报》、央视新闻、新华社的官方账号，哪怕一个简单的图片，转发量、评论量还是令人咋舌，具体的案例文后会有详细分析。甚至，在一些国内外重大事件、突发事件中，网友观点交流、交融和交锋，也主要在媒体微博，特别是时政类微博下进行。这个现象，对我们媒体微博，特别是省级党报官方微博来说，无疑是一针"强心剂"。而且可以预见，今后微博这种中心化的趋势会越来越明显，有利于改善微博信息"一窝蜂""同质化"的弊端。第三个现象，我们印象中刻板的党报官方微博正在逐渐时尚化、人性化。党报官微的语言在符合自身形象的范围内不断被突破。比如，@《河南日报》开设了一个名为"今日汉字"的栏目，每天选择一个汉字结合当日热点进行解读，并作为当日微博的晚安帖，既有评论寓于其中，又体现出小小的趣味，使得整个微博的形象生动活泼起来①。

2. 媒体微博还在攻抢"首发""第一落点"

据新浪发布的《2014媒体行业发展趋势报告》显示：日均影响力500及以上媒体微博为397个，报纸78个、电视57个、杂志47个。纸媒占比31.5%。必须强调的是，媒体开设微博，本意就是要利用微博平台在网络上开辟新的舆论阵地，获得更多关注力，培养更大影响力。因此，微博开创之初，也以简洁、快传播、强互动性为卖点，能有效弥补传统纸媒自身缺乏时效的短板。时至今日，微信账号受每天发布次数影响、客户端受信息来源少等因素影响，微博仍是纸媒首张"船票"，在"首发"、抢占新闻"第一落点"上仍有很大竞争力。

---

① 林忠礼，《从大众网实践看移动新媒体基于的把握》，《中国记者》，2015（9）。

关于时效性、即时性，媒体微博使用得十分到位。有关习总书记的消息，经常通过微博先放出来，特别令人印象深刻的就是庆丰包子及地方视察。而全国两会的全文，也是独家授权 @ 新华视点全文直播的，连新华网第一条消息也只是转发了微博直播的网址。在这方面，时政类媒体官方微博有着先天优势。因此，从上文的 29 家省级党报官方微博的数据统计来看，大部分官方微博立足本地新闻，抢占舆论高地，同时也利于党报品牌形象的塑造。特别例外的就是《南方日报》，从全国范围内的媒体中选择热点新闻，也取得了意想不到的传播效果，但这样的模式，借鉴性较低，毕竟不是每个党报本身都有《南方日报》一样的品牌识别度。

3. 微博确实在老化

"众媒时代"降临，微博虽在发展，但有一种"树老根多，人老病多"的趋势。

——日常微博发布缺乏规划，没有整体性。碎片化、多元化原本是微博的属性，旨在要求媒体培养碎片思维、打造碎片传播、生产碎片信息，但碎片不是杂乱、不是毫无逻辑关系。目前，大部分省级党报官方微博定位不准确，有发布时政新闻的，也有发布娱乐化信息的，有定时更新的，也有几分钟内发布多条信息的，这样的微博几乎形同虚设了，没有把微博账号作为独立的新型媒体来运营。"粉丝"的要求一直都是"直接、快速获取自己需要的信息"，大概没有网友会对混乱的微博有持续关注的兴趣。建议官方微博继续提高"媒体属性"，应在内容规划上要与线下媒体有机组合，体现整体价值。

——短、平、快的双刃剑。"短、平、快"是媒体微博尽力追求的目标。从笔者对 28 家省级党报官方微博的观察来看，仅有《浙江日报》《江西日报》等少数几家微博定期有精选网友点评、有奖互动、回复网友评论等内容，大部分还是单一的信息发布模式，让人不由产生"党报高高在上遥不可及"的感觉。

——媒体微博运营还不够专业。从 2010 年微博元年起算，微博今年（2015 年）已经 5 岁了。众所周知，《人民日报》官方微博背后有一支强大的人才队伍，最高学历者有博士、博士后。虽说学历不代表能力，但我们可以看出，媒体微博的确需要一直专业队伍。31 家省级党报官方微博的发布中，互动活动少，互动活动中创新形式更少，传媒研究专家喻国明认为，作为一个机构的传播通道，它身后有大量的社会资源和行政资源，媒体应该利用这种关系、体系进行一体化运营。媒体的话语才更有权威、更有力量、更有影响力[1]。

第二节　媒体微博运营样本分析

通过对省级党报微博的观察，不难看出，官方微博和传统纸质媒体的风格差别还是比较大的，新闻丰富性、时效性和实用性等特点较为突出，而大部分党报微博运营方向都是本土化、接地气，以此增强微博内容的针对性。

@《人民日报》多次在重大公共事件中发声，成为当之无愧的媒体大 V，不仅是省级党报媒体学习的榜样，也受到

---

[1]　郭炉，《省级党报客户端运营情况调查》，《青年记者》，2015（18）。

网友的追捧和欢迎。同样作为有影响力的央媒，@央视新闻则另辟蹊径，以自身擅长的新闻作为官方微博的特色，强调时效，杜绝同质化，提高竞争力。同时，本文还选取了南方日报、浙江日报两个研究样本，这两个官方微博，前者以转载其他媒体信息为特色，后者以发布本地权威信息为特色，具有一定的代表性。

样本一：@《人民日报》

@《人民日报》主页

@《人民日报》的认证信息为"《人民日报》法人微博"，微博简介为"《人民日报》法人微博。参与、沟通、记录时代。"目前微博等级为 Lv.30，粉丝超过 4188 万，发布微博总数超过 5 万（截至 2015 年 12 月 1 日），主动关注粉丝数1382 个。

2012 年 7 月 22 日，北京大雨滂沱，@《人民日报》在暴雨中诞生，带动一大批中央级媒体、省市级党报开通微博

（据上文统计，31 家省级党报微博中，有 20 个在 2012 年 7 月 22 日后开通），它在主流价值观的坚持、栏目化的运作方式、专业的报道能力三方面为全国党报建立了一个榜样，在网络舆论场上散发出理性、温暖的正能量。

据笔者对 2015 年 11 月 23—29 日期间发布的微博的观察，@《人民日报》内容主要有四大类型：①《人民日报》及其报社所属报刊的报道；②《人民日报》记者的专稿；③与大众关系密切的社会事件、天气及生活资讯等；④微博自身的品牌栏目，如"你好，明天"。

@《人民日报》平均每天有 2—3 条评论，分别是"《人民日报》评论""人民微评""你好，明天"，严格意义上讲，只有后两者是 @《人民日报》真正的微博评论，前者是对当天《人民日报》版面上的言论的摘录。@《人民日报》的评论多采用"一事一议"或者"多事一议"，就近期的社会热点或具有共性的一系列事件进行观点表达，具有很强的针对性。它的观点代表强有力的主流价值观。作为党报主要是宣扬党的声音，解读政府的政策。此外，@《人民日报》每天还有一条"微议录"，是对网友精彩言论的选编、汇总。这是 @《人民日报》深入基层、贴近百姓、回应民间舆论的一种方式，获得网友很多点评。

为什么同样一桩热点事件，@《人民日报》短短 140 字的评论比其他媒体更有影响力？除了《人民日报》本身的品牌效应外，与 @《人民日报》对评论的严格要求也有很大的关系。

——专业。@《人民日报》生来就有"举全社之力办微博"的优势，且一直以来《人民日报》多出"笔杆子"，每个都是撰写评论的中坚力量。像"你好，明天"都由资深评论员负责。

——快速。网络江湖，惟快不破。事件一发生，@《人民日报》就发声，给网友往往留下"同呼吸共命运"的感受，@《人民日报》刚开通时，就有网友惊呼：原来你们不畏惧触及社会黑暗，原来你们这么深刻、这么及时!《人民日报》和读者的距离近了 ① !

——精华。@《人民日报》的观点基本上由 140 字组成，很少有长微博出现，但 140 字包含了独特的角度、深刻的观点，条条都是精华，做到了热点与深刻兼顾。比如，2015 年 11 月 29 日的【你好，明天】写道："又一年国考落幕。有人落寞，有人欣喜，等待考生的，注定是几家欢喜几家愁的结局。考场上千军万马，胸怀报国之志者有之，但又有多少人追逐的，是对铁饭碗的期许？将国考作为就业艰难情况下的尝试无可厚非，但无论结果如何都别忘了，从来没什么职业是铁饭碗，唯一的'铁饭碗'就是你自己。"字里行间传达的理性看待公务员、平等就业的思考，得到了多数网友的认同。再如，2015 年 11 月 1 日，有媒体报道称杭州将"机动车礼让行人"写入法律条文，当天 @《人民日报》发布"人民微评"称：车让人不该是新闻。将"机动车礼让行人"写入地方法规，备受好评。其实，道路交通安全法早已设置类似条款，比如第四十七条规定，机动车遇行人正在通过人行横道，应当停车让行。车让人，本是底线伦理，竟成新闻，耐人寻味。车轮上的中国，呼唤发达的汽车文明，有文明才有安全。@《人民日报》由一个地方政策中的细节引发关于

---

① 梁亚宁,《受众反馈机制研究》,《新闻战线》, 2015（9）。

"文明"的思考，由一个微观事件提炼出更本质的意义，事件的高度又上升了一个层次，这也是@《人民日报》评论的一大亮点。总而言之，从@《人民日报》以评论"立博"的发展模式来看，越是众声喧哗的时代，越能体现主流声音的价值。@《人民日报》正是靠这种能量在网络舆论场上越走越远。

同时，@《人民日报》能够在网友心中占据一定地位，也因其一开始就打破了以往党报高高在上的高冷形象，变得开放、包容、接地气。今天的人民大众，一方面在各行各业，因此鼓励记者走下去，深入工厂、农村等基层；另一方面，大众也隐没在无边界的互联网上。

@《人民日报》微博 2015 年 11 月下旬发布情况

日　　期	总发布数	转发或 @ 其他账号数	转发或 @ 其他账号占比
11 月 23 日	38	16	42.1%
11 月 24 日	48	9	18.8%
11 月 25 日	43	14	32.6%
11 月 26 日	39	12	30.8%
11 月 27 日	43	13	30.2%
11 月 28 日	34	15	44.1%
11 月 29 日	37	14	37.8%

如果说"微议录"是@《人民日报》注重微博与用户互动的一个表现，那么，从上表数据可见，@《人民日报》平均每天有 10 条以上为转发其他账号或 @ 其他账号。这些账号除媒体官方账号外，也有微博大 V 和普通群众的个人账号。这类互动，也能保证@《人民日报》随时关注社会的重大变动、敏感事件、公众的核心议题，能够确保@《人民日

报》吸纳主流民意，跟得上时代的脚步，及时、准确、有效地回应公众所关注的焦点问题。

样本二：@央视新闻

新闻乃媒体之魂，评论乃立足之本。@《人民日报》自开办以来，以言论见长，而同样为重量级央媒的@央视新闻，走的则是新闻特色。

@央视新闻主页

"如果你还想获取更多的新闻资讯，可以关注我们的官方微博@央视新闻。"2013年2月12日起，央视《新闻联播》多了这样一句结束语，让人眼前一亮，央视新闻迈出让新闻从单向接收过渡到双向互动的重要一步。

@央视新闻的认证信息为"中央电视台新闻中心官方微

博",微博简介为"'央视新闻'微博是中央电视台新闻中心官方微博,是央视重大新闻、突发事件、重点报道的首发平台。"目前微博等级为 Lv.31,粉丝超过 3857 万,发布微博总数超过 6 万(截至 2015 年 12 月 1 日),主动关注粉丝数 1068 个。

@央视新闻以新闻见长,一般情况下从早上 7 点更新到晚上 12 点,突发情况下则 24 小时全天候发布信息。一般微博发布以文字 + 短链接形式出现,短链接来源主要包括三个部分,一是央视网的文字链接,二是央视视频链接,三是其他媒体的权威消息。

从宏观角度来讲,@央视新闻三大创新举措,"新闻首发""独家内容""视频优势",打造了"无处不在"的新闻。从笔者观察来看,基本上国内外的重大事件,@央视新闻不会遗漏,且时效很强。@央视新闻的"首发"体现在比其他媒体更快一步上,也体现在比中央电视台更快一步上。2012 年诺贝尔文学奖公布之际,@央视新闻比 @新华视点和 @《人民日报》早发。在习近平考察河北阜平县时,@央视新闻微博发布早于《新闻联播》。

@央视新闻微博内容全面关注社会动态。重大事件爆发后,@央视新闻会抢抓第一落点在微博上进行事实报道,且后续有较多的博文对事件进行全方位解析,力求在微博上展现事件全貌。@央视新闻 24 小时发布 60 多条微博的报道频率,完美展现微博作为新媒体渠道的优势。除国际新闻外,国内新闻重点关注领域为社会民生、时政、法治、经济四大舆情高发领域 ① 。

---

① 党同桐、徐振国,《数字化转型过程中传统媒体官方微博存在问题及对策研究》,《视听》,2015(11)。

@央视新闻还重视多屏融合，实现强强联手。《新闻联播》和@央视新闻的相互借势，在一定程度上反映了当下传统媒体与新媒体融合之路的探索[1]。@央视新闻的视频优势具有极强竞争性，在媒体微博中几乎没有对手。同一则新闻，其他媒体基本都由图文组成，但@央视新闻可打造图文视频的组合，信息更丰富，形式更多元，这是对传统电视新闻模式的继承和发展。

从微观角度来讲，@央视新闻的新闻特性还体现在标题和正文上，每条微博的标题都进行了精要化提炼，提炼出微博受众最感兴趣的点或角度，正文的结构也基本体现高度逻辑性，提炼新闻事实。微博正文140个字的局限性，要求语言通俗易懂，要求每句话要高度概括，要求语句间能自然传承转接，能少用一个字绝对不多用一个字，可以说，@央视新闻的微博，每一条都严格按照高标准的消息稿来编辑，充分体现了新闻特性。

#中国好司机#【女子落水 公交司机跳河救人💗】上海闵行18路公交车停靠在一站点，司机于师傅听上车乘客议论有人掉到河里后，立刻熄火拔钥匙、下车冲向河边，跳入3米深河水中救人。岸上市民也到堤坝帮忙，抬落水女子上岸、做心肺复苏…落水女子经及时救治已转危为安。谢谢好心人👍（央视记者郭恩友）

11月23日 14:24 来自 微博 weibo.com

| 收藏 | 转发 741 | 评论 460 | 👍 5536 |

@央视新闻微博截图

---

① 余月玲，《浅析"微时代"传统媒体的生存发展》，《西部学刊》，2015（12）。

比如 2015 年 11 月 23 日 @央视新闻的这则消息，短短 140 字正文内，除 # 中国好司机 # 关键词外，包含了标题、正文、记者署名三大要素。正文"上海闵行 18 路公交车停靠在一站点，司机于师傅听上车乘客议论有人掉到河里后，立刻熄火拔钥匙、下车冲向河边，跳入 3 米深河水中救人。岸上市民也到堤坝帮忙，抬落水女子上岸、做心肺复苏……落水女子经及时救治已转危为安。谢谢好心人"用 108 个字，抓住了事件发生的最核心、最主要的情节和人物动作，除了客观陈述，还从上车乘客、岸上市民等角度表明新闻的真实性，最后还为好人点赞，悄无声息完成了弘扬主流价值观的宣传工作。

@央视新闻的开放态度也符合新媒体时代的受众需求。我们在 @央视新闻上可以看到因导播员失误造成错误进行的道歉及原因说明，随后网友站队表态，显示出极大宽容和支持。

样本三：@《南方日报》

@《南方日报》主页

@《南方日报》的认证信息为"《南方日报》官方微博"，微博简介为"创刊于 1949 年 10 月 23 日，华南主流政经大报，秉承'高度决定影响力'办报理念。"目前微博等级为 Lv.33，粉丝超过 400 万，发布微博总数超过 6.6 万（截至 2015 年 12 月 1 日），主动关注粉丝数 331 个。

@《南方日报》2015 年 1-11 月份微博发布情况

月份	总发布数 / 条	平均每天发布数 / 条
1 月	1162	37.5
2 月	898	32.1
3 月	1193	38.5
4 月	1029	34.3
5 月	1053	34.0
6 月	631	21.0
7 月	712	23.0
8 月	842	27.2
9 月	813	27.1
10 月	774	25.0
11 月	823	27.4

根据 2015 年 1—11 月微博数据统计，@《南方日报》平均每天发布 29.7 条，在 29 家省级党报微博中，其最大特色是对"其他媒体信息"的编发，虽发布形式单一，但来源多样化，信息含量丰富，被转发、被评论和被点赞数量较多。笔者发现，新闻标题趣味性较强的微博以及生活服务类的微博易引发网友关注，如【这是电路板？不，这是纽约……】获得转发 694 条，评论 171 条，点赞 407 条；@《南方日报》开

设的#深夜食堂#栏目，其中有一条仅 19 个字，但获得转发175 条。

从内容上看，@《南方日报》像是一个信息汇集中转中心。一般间隔 10—30 分钟发布一条微博，其内容来源广，覆盖面广，既有各种轻松搞笑新闻及微博段子，又有严肃的时政话题。多样的资讯，丰富了微博的服务功能。

也因这个特点，@《南方日报》的微博最擅长对内容生产二次加工，这一点，是省级党报媒体迫切需要学习的。@南方日报直接转发微博很少，每条新闻都是经过信息二次编发，也较少采用长微博形式，这就使得 140 个字的精编能力更为重要，特别是标题。比如 2015 年 1 月 30 日 23 时 35 分发布的《洛阳倒悬婴儿事件多名医师被处分》。1 月 2 日，河南洛阳一孕妇在轮椅上诞下婴儿，后婴儿倒悬被拖行十几米。今日 19 时许，洛阳市卫生局免去当日病区主任、副主任、护士长行政职务，当班医生秦红娟被解除劳动合同，对推送产妇的两名护士予以留院查看 1 年处分。此微博注重内容上的二次加工，它源于《新京报》的报道《洛阳婴儿出生时倒悬拖行原因查清：当班医生经验不足》。《南方日报》新浪法人微博重新制定了标题，并用 107 个字将新闻主要内容呈现出来。而且除了用文字和表情外，还截取了一小段视频供受众观看 ① 。

作为省级党报官方微博，@《南方日报》也并非拘泥于新闻信息发布平台。结合《南方日报》"广东接力救人""帮助果农卖滞销水果"等公益互动，传递爱心，倾听基层的声

---

① 王平，《省级党报官方微博的内容分析与思考》，《新闻爱好者》，2014（10）。

音，解决实际存在的问题。《南方日报》等党报的微博，有意识地去打捞"沉没的声音"，同时促进一些微博读者转入党报党网的阅读，增加了他们的有效受众。

样本四：@《浙江日报》

@《浙江日报》主页

@《浙江日报》的认证信息为"《浙江日报》官方微博"，微博简介为"1949 年 5 月 9 日创刊，中共浙江省委机关报，是浙江省最具权威性、公信力和影响力的政经大报。"目前微博等级为 Lv.31，粉丝近 130 万，发布微博总数超过 5 万（截至 2015 年 12 月 1 日），主动关注粉丝数 515 个。

@《浙江日报》微博以原创为主，新闻和评论八二开。原创微博主要来源:《浙江日报》及浙报集团所属子报子刊及新媒体内容的二次编发。@《浙江日报》目前开设 8 个原创栏目，主打人文旗帜，如＃走读＃重点介绍浙江美丽河山等，＃食客＃重点介绍浙江特色美食，每日常规发布。

作为党报，围绕省委省政府中心工作，组织开展重大主题报道，是党报的重要责任和优势。@《浙江日报》作为《浙江日报》在新媒体平台上的一个重要窗口，也将创新重大主题报道作为一个重要责任，拉近党报与普通读者的距离，不断传播主题报道的政治影响力。

@《浙江日报》五中全会微话题互动截图

2015 年 10 月，中共十八届五中全会在北京召开，是各省市党报的报道重点。@《浙江日报》配合《浙江日报》创新重大主题报道形式，开设＃微观五中全会＃、＃贯彻全会精神推动五大发展＃、＃聚焦十三五＃等系列报道，一方面二次精编《浙江日报》的新闻和言论，有高度、有深度、有内涵，通过有气势的全景展示增强网络导向作用；另一方面，@浙江日报编发【未来五年，你打算怎么过？】的微话题讨论，聚焦基层、捕捉细节和变化，将宏观主题报道做细做新。该活动人气十足，后期@《浙江日报》还连续编发 4 期网友留言，用普通大众朴素语言展现"十三五"规划的美好未来，使原本可能枯燥的主题报道变得可亲可信可读。通过《浙江日报》和@《浙江日报》的融合互动，一个有深度、有厚度的主题报道，通过报纸和微博发挥各自媒体优势，同步宣传推广，可读性和互动性均有提升，营造了强大的声势和舆论氛围。官方微博作为党报重大主题报道的"新落点"，作用不容小觑。

@《浙江日报》丽水山体滑坡微博直播截图

@《浙江日报》一个微博账号背后，有《浙江日报》整个采编队伍作为力量支撑。近年来，@《浙江日报》积累了丰富的突发事件应对经验，成为《浙江日报》报道突发事件的第一落点。2015年11月13日晚，浙江丽水里东村发生山体滑坡事件。11月14日凌晨，《浙江日报》记者在@《浙江日报》发布山体滑坡消息，此后官微一直持续、不间断刊发相关救援信息。11月14日至11月18日，@《浙江日报》共发布丽水山体滑坡相关微博34条，连续报道事件发生、领导指挥救灾、现场救援力量、救援进展、伤亡人数、后续安置、公益捐助、地质灾害知识普及、气象分析、呼吁科学救灾等内容，其中对每位失联村民的救援进行直播，彰显对人民生命的尊重。@《浙江日报》也第一时间发布了灾害安置点的现场照片，公布了公益捐助的银行账号，通报了政府发布会的全部内容，信息客观、公正、准确，不仅赢得了网友的信任，也成为多家媒体官微转载的信息源。

对于重大新闻事件、突发事件，网友都更倾向于听到党报这样的官方渠道发出的声音。因此，党报官方微博不但不能缺席，更应该将微博做得出彩、做得巧妙，从标题制作、内容编辑与写作、图文展示创新各个方面入手，把官话说得平民化，把道理讲得通俗化，吸引受众的眼球。

第三节 媒体微博的发展思考

微信和客户端的兴起，给媒体微博的生存和发展带来了冲击和挑战。然而，融合党报权威信息发布和深度报道的优势，媒体微博仍可以走出一条不断优势互补、融合发展的道路。140 个字的微博，微而不薄，在今后很长一段时间内，仍会有效引领网络舆论战，展现出巨大的信息传播魅力。

展望媒体微博未来，可能更需要做好当下的运营和维护。

思考一：必须正确了解微博的价值

微博会被认为"衰落"了，除了媒体大环境的影响外，一个重要原因还是很多人没有正确了解微博的价值，甚至连微博运营的单位、人员，都有不少误区，这也间接导致了很多专家及业内人士如今不看好"微博"的发展。

1. 直面 140 字的挑战，做好内容

至今为止，很多传统媒体的记者，可能都写不好一篇消息。那么，140 个字的微博，更需要锻炼编辑提炼总结和拆解文章中心思想的能力！

短平快，就是对微博价值最好的诠释。快，本身就承担着巨大的信息量，是对传统媒体报道节奏的突破。媒体微博仍是媒体发布动态信息、呈现事件进展的重要平台。据调查，一条长图片的有效传播时间是 2 小时。此后它就被淹没在信息流中，编辑的心血可能就到此结束。但制作一条精美长图的时间成本是惊人的。更何况，用户在空隙时间打开手机读一条有几千字的长微博或者网页的可能性很低。相比图片，更重要的是内容。一条长微博配错了图片，但转发很高，网友的评论都是针对 140 个字的，前期基本没人发现图配错了。所以，不要单纯地迷恋精美的图片、超容量的长微博和直截了当的网页短链接了，而是应该老老实实提高编辑水平，把标题和文字做得更吸引眼球。

2. 正确理解微博特性，加强资源投入

据了解，不少传媒集团在融合媒体改革中，将新媒体当做分流、安置员工的去处，新媒体的入门门槛极低，配置资源极少。表现在微博上，就是部分省级党报的官方微博已经沦落为标题＋全文某段文字＋粗暴的一个全文链接这样的复制版。微博活跃度下降是不争的事实，如果将来有一天媒体微博死了，估计缺乏具备新闻素养的专业人才这一条也是主要原因之一。

另外，正确理解微博的特性也很重要。微博本身代表的就是碎片化信息时代，快感和速览，是两个重要特征，在实际操作中是否有必要让微博变得越来越重？除了突发事件，每时每刻刷屏的用户毕竟是少数。微博小编还是要抓热点、熟悉数据、具备信息搜集等能力，在众多信息中，坚持自己的取向，不是所有的信息都要追逐，不是所有的媒体趋势都应该跟进，贴近生活、贴近人民，哪怕是天气变化，都可能受到有效粉丝的关注。

3. 生产权力不宜过于分散，打造资源集中机制

微博矩阵曾经一度是非常热门且时尚的词语。微博矩阵是大量微博用户的聚合页，能够直观立体地展现组织机构层级结构、各组织机构中开通使用微博的用户。对媒体微博矩阵而言，矩阵中覆盖了整个传媒集团上至媒体、下至个人的大部分微博账号。这样真的有效吗？一段时间内在新浪微博平台上"呼风唤雨"的新浪大 V 们告诉我们，其实微博是一个依赖于自媒体的平台。可见，"精英"这个群体很重要。广大网民需要精英帮助舒缓压力调节心情，帮助他们认清形势把握大局，需要鼓励克服困难勇往直前。

媒体微博需要一个资源集中的契机，而不是把生产权力分散到矩阵中去。

思考二：深挖微博的有效传播模式

不管如何质疑微博，笔者都认为，微博在当代新闻传播变革中，是一个非常重要的实验室。它在兴起之初，改变了新闻传播的生态环境；它在兴盛之时，改变了新闻采写、线性传播的具体流程。对大众传媒来说，如何继续发挥微博的作用，利用好它的有效传播模式，仍是可以继续探索的一大课题。

1. 创新传播方式，打造互动平台

如果你对 @《人民日报》有持续深入的了解，你会发现，这个官方微博的内容正在逐步发生变化，曾经作为立博之本的言论虽然仍占据重要位置，但显然力量有所衰退，取而代之的是自 @《人民日报》开通以来，愈来愈浓厚的人文色彩，其中最令人印象深刻的就是 @《人民日报》几乎每日都编发的九宫格微博，这一微博形式当时引起一股模仿风，至今仍是很多省级党报争相模仿及转发的重要内容之一。人文、服务、生活资讯，已经成为媒体微博的重要内容，而新闻仅仅是其中的一部分了。

同时，我们也会发现，随着媒体微博在信息发布上同质化的趋势越来越明显，媒体微博又有了一些新的变化。比如，近年来对地方两会的报道，媒体微博创新程度明显加大。大部分的省级党报官方微博都会在地方两会期间，专门开辟栏目版块，除了编发重要新闻外，还有互动内容，一般为向网友提问、征集意见，让两会代表与网友互动等

等，可以看出，媒体微博正在向公共交流平台延伸。媒体微博不仅可以成为新闻发布的渠道，也可以成为获得新闻的渠道，更能成为网络交流平台，让受众参与内容创造。这表明，媒体已经能更好地理解并利用新浪微博这个第三方平台，更贴近新浪微博本身的市场定位：从媒体平台转为服务平台。

2. 维护党报官方微博的权威主流形象

党报官方微博仍是党的媒体，对信息发布都应严格把关，维护权威和公信力。但目前媒体微博的表述方式带有混乱、零碎、割裂等特征，长时间下容易让受众感到困惑、疲劳，从而对议题丧失持续关注能力。比如 2015 年 9 月 16 日的杭州本地新闻中，下午 1 点开始本地微博中最热门的话题是"杭州成功申办亚运会"，到晚上 8 点左右，被"杭州本地一公交车着火，距离加油站仅几米"的消息迅速取代。受众注意力太分散，媒体微博怎么办？坚持"有用、情感、互动"的思路，按照《人民日报》新媒体中心丁伟的话讲，就是衡量新媒体报道的三个维度——"信息含量、观点含量、情感含量"。省级党报官方微博不妨根据母报的办报立场、观点和价值判断标准，增强同题报道的多元化，只有能充分调动大众注意力的媒体微博，才能够拥有设置议题的能力，才能在舆论中发挥引领社会变革和改良的重要作用。

3. 媒体微博的运营离不开互联网思维，有产品概念、用户概念

移动媒体时代，低收入者、年轻人占网民较大比重。打造渠道，主动让这些容易将不满情绪反映到互联网上的群体参与信息传播，在这点上，笔者认为小米口碑经营中的"参与感"值得借鉴。即使是党报官方微博，也要放下传统党报高高在上的优越感，要能满足受众"我在场、我介入"的心理需求，要给予受众能够抒发"我能影响世界"这样的热情的载体，因此，鼓励转发、跟帖、吐槽等表达方式，选择适当的时间节点作为受众的"开放参与"节点，让受众受益的同时，媒体的舆论引导就此完成。

4. 党报借力微博平台，提升突发事件传播效率

传统媒体，特别是党报，在微博这一全新的传播模式冲击和协助下，改进了突发事件的传播模式，提高了传播效率，迎来了它们在全新传播时代中的又一轮蜕变。一种媒体一家独大的时代已经一去不复返了，但遇上重大的突发事件（如昆明暴恐袭击、马航失联等），权威主流的媒体仍然是最有力的传播者。微博平台也会急剧升温，成为信息流通的主要平台。

因此党报媒体微博在应对突发事件中，应该对网络民意进行实时监控，把握公众关心的实际问题，及时调整微博议程，增加原创内容与互动解释性讯息的比例，尽可能缩小公众信息所需与所得之间的差距。2015年11月7日，举世瞩目的"习马会"在新加坡举行。早在会面前几天，"习马会"已经成为网络舆论的重心。@《浙江日报》在"习马会"前，就编发了"习马会"相关背景，并于11月6日发布消息，公告本报记者已前往新加坡"习马会"现场，将发回一手消息。11月7日当天，@《浙江日报》将大部分微博空间留给了"习马会"，当天共发布微博30条，其中"习马会"占了近20条。

#习马会#进门两侧，长枪短炮早已排队候着，能在这里等到主角入场吗？本报特派记者发自新加坡

11月7日 14:37 来自 荣耀6 Plus

#习马会#两位领导人相向而行，站定，握手后向媒体点头微笑致意。"挥一下手好吗？"在媒体记者热情要求下，两位领导人一同向大家挥手。本报特派记者发自新加坡

11月7日 15:11 来自 荣耀6 Plus

#习马会#习马握手结束后，全场记者大大松了口气，发出整齐的噢的声音，太紧张了。我才发现为了抢时间，手都不觉抖了。现在全场记者忙做一团，前排摄影摄影继续卡位战，后排文字记者或电脑或手机，码字发稿。静候发布会。本报特派记者发自新加坡

11月7日 15:36 来自 荣耀6 Plus

@《浙江日报》"习马会"微博直播截图

　　高频率的信息发布给受众提供了详细充分的信息，其中更是以独家的现场新闻为主，网友不但没有反感，反而纷纷点赞。可见，紧跟民意，打造符合信息需求的传播机制，媒体微博能有效承担"加强政民关系、获得公众理解"的互动解释职能。虽然本次传播行为带有明显的"我播你听"的单向特征，但党报官方微博对事件的参与、解释和引导效果非常好。

思考三：微博自身的功能延伸

　　媒体微博的发展受大环境的影响不小。说微博在衰退，

是因为微博对用户（指关注微博的有效粉丝）的黏性越来越小。这也是有客观原因存在的。

首先，每一个产品都有生长周期；其次，微博自身的生态环境变化，意见领袖"出走"，追随者大大减少；此外，微信、客户端的影响。虽然不一定会出现替代关系（微博媒体基因强、微信社交基因强），但后两者部分承担了微博的功能，尤其是客户端，在一定程度上抑制了微博的继续发展。

我们观察 Twitter，它一直活跃，不断开发独家功能，完善用户体验。比如 Twitter Badgs，用户可以将自己的心情放上去；Twitteroo，允许用户在不登陆的情况下向自己账号发送信息；TwitterBar 能将当前浏览的网站地址收藏到自己的账号中，好友可以看到用户当前访问网站的相关信息①。可以得到一个启示：功能越来越完善的产品才有较强的生命力。新浪微博到底是侧重媒体属性还是社交属性，仍处于争议中，到底站哪一边，将会大大影响媒体微博的发展。可以说，微博的生命是一个需要长期观察与动态审视的问题。

在追问微博未来的同时，我们更应该关注自身。媒体微博作为一个独立的媒介形态参与新闻传播，塑造了传统的新闻传播模式。我们可能要研究的是，如何才能使这个"入口"被更多的受众接纳，尤其是那些沉默用户，从而实现媒体所期待的社会价值。

从微博、微信到新闻客户端，新媒体技术迭代更替，造就了一代又一代的新媒体。谁也说不好微博到底还能存在多久，说不定当下繁花似锦的"两微一端"会同时被新的媒体

---

① 程征,《媒体微博制胜攻略——五家媒体微博的运营样本研究》,《中国记者》,2013（1）。

所取代。技术红利给媒体拓展的想象空间很大，APP、机器新闻、数据新闻……接近 2015 年的尾声，微信整体热度回归理性，甚至有"微信不行了"的声音了。传统媒体在新媒体转型之路上，还必须进行不断的尝试和调整。

参考文献

［1］刘冰,《"微时代"语境下报纸新闻评论的生存之道》,《中国报业》, 2013（1）。

［2］申玲玲,《传统媒体的微博之路——基于 5 家传统媒体微博的实证分析》,《新闻界》, 2011（4）。

［3］蔡雯,《媒体微博：新闻传播变革的试验区——从地方报纸两会报道中的微博利用说起》,《新闻记者》, 2011（3）。

［4］喻国明,《微博价值：核心功能、延伸功能与附加功能》,《新闻与写作》, 2010（3）。

［5］唐绪军,《中国新媒体发展报告 No.6（2015）》, 社会科学文献出版社, 2015.7

［6］唐绪军,《新媒体蓝皮书：中国新媒体发展报告 No.5（2014）》, 社会科学文献出版社, 2014.6

［7］林升栋,《中国微博活跃用户研究报告》, 厦门大学出版社, 2014.4

［8］南方报业传媒集团、南方传媒学院, 南方传媒研究（2014 第 51 辑）：新闻客户端, 南方日报出版社, 2014.12

［9］喻国明、欧亚,《微博：一种新传播形态的考察影响力模型和社会性应用》, 人民日报出版社, 2011

［10］蓝狮子（中国）企业研究院,《案例：自媒体主编修炼术（第18辑）》,杭州蓝狮子文化创意有限公司,2015.6

［11］人民网舆情监测室,《指尖上的"政"能量：如何运营政务微博与微信》,人民日报出版社,2013.11

［12］毕才华、刘景长、安宁,《新浪微博是怎样"花式作死"的？》百度新闻实验室官方微信账号,2015.11.13

［13］赵新乐,《媒体微博专业化发展　运营团队和理念为亮点》,中国新闻出版报（现改名为中国新闻出版广电报）,2014.1.14

［14］人民网舆情监测室,《2012新浪媒体微博报告》、《2013新浪媒体微博报告》、《2013年微博用户发展报告》、《2014年微博用户发展报告》、《2014媒体行业发展趋势报告》,新浪"微报告"官方账号。

［15］潘宇峰、周亚琼、周培源,《地方党报微博立足基层　切实关注民众实际问题》,人民网舆情频道。

［16］赵新乐,《说不完的媒体微博运营那些事儿》,中国新闻出版广电网。

［17］杜尚泽,《微视角里的"微世界"——外事报道新的增长点》,人民网 - 新闻战线,2013.8.21

［18］《政务微博经典案例 @《人民日报》与 @ 央视新闻微博运营情况分析》,新浪微博数据中心。

［19］沈阳、罗婷,《传统媒体微博内容运营现状及前景分析》,人民网 - 新闻战线,2013.8.21

［20］李倩,《党报法人微博发展方向探略——以〈南方日报〉微博为例》,《新闻论坛》,2015（1）。

［21］喻国明,《微博价值：核心功能、延伸功能与附加功能》,《新闻与写作》,2010（1）。

第四章
省级党报官方微信公众号运维案例分析

2011 年，腾讯推出智能终端应用程序——微信，并在 2012 年 8 月推出公众号服务，企业、媒体等团体用户可以借助这项服务，向订阅用户推送消息，以起到宣传、扩大影响力等效果。

腾讯自己都没有想到这个小小的应用，因为站在移动互联的大风口，卡位在社交和分享的大风潮下，一飞冲天。

用户的社交应用使用习惯以及强烈的新闻资讯需求，催生了移动端信息供给的蓝海。

第一节　党报微信公众号兴起

随着移动通信和互联网的高度融合，媒体的移动化转型趋势明显。

在此背景下，传统媒体纷纷试水微信公众号，以扩大自身在移动互联网用户中的影响力。

从全国党报集团看,《南方日报》是最早开设微信公众号的省级党报集团，时在 2012 年 11 月 23 日。其余的党报集团则在 2013 和 2014 年纷纷开设。虽然入驻数量可观，但在实际的运营过程中，党报微信账号的整体传播影响力还有很大的提升空间，并且不同地区的党报微信账号的影响力有着很大的差别。

第二节　党报微信公众号案例分析

本研究分别选取区域不同的若干省级党报集团微信公众号，分析其在内容和运维上的特点及不足，探究更有助于省级党报微信账号扩大移动传播影响力的推送方式。

案例一　河北日报微信公众账号概况

《河北日报》是中共河北省委机关报，以党委满意、群众爱看、有市场竞争力为工作目标，其宣传面覆盖京、津、晋、冀、鲁、豫、辽、内蒙古等省市区，辐射东北、华东和中原，是河北最具影响力的主流政经大报。

据"中国新媒体指数"平台的统计数据显示，河北日报微信公众账号（以下简称《河北日报》微信号）"河北日报"（hbrbgfwx）于 2015 年 2 月 4 日完成微信认证，在"报纸"分类的 900 多个样本公众号中，河北日报微信号迅速跻身日榜百强，甚至占据周榜前 50 强。而来自新媒体排行榜（newrank.com）的"时事"榜单数据显示，在近 17 万个样本账号中，《河北日报》微信号排名跻身前 200 强。由此可见，《河北日报》微信号有比较强的传播影响力。

1. 推送概况

《河北日报》微信号每天推送一次，每次推送的文章数目大致4—5篇，偶尔会因重大新闻或其他情况，灵活调整推送文章数量。推送时间相对固定，大致在15:00—19:00。

2. 自定义菜单

《河北日报》微信号（hbrbgfwx）的主界面有三个菜单栏目，分别是"微报纸""抢红包"和"微服务"。

河北日报微信号（hbrbgfwx）的界面菜单栏目

点进"微报纸"，会链接到当日《河北日报》的电子版。

点进"抢红包"，用户可以领取生活服务类代金券。

"微服务"包括三个二级菜单，分别是"阳光理政""违章查询"和"微社区"。点击"阳光理政"，可以进入"河北新闻网"的在线平台，进行民生投诉以及相关业务查询；点击"违章查询"，进入"河北公安交管手机网"，可以查询机动车违法信息、驾驶证违法信息，并可以查看实时路况信息；点击"微社区"，可以进入移动社交平台"兴趣部落"，与他人一起交流感兴趣的话题。

3. 内容取向

选取《河北日报》微信号 2015 年 8 月 13 日至 9 月 13 日发布内容为样本，分析其内容发布取向以及编排方式。

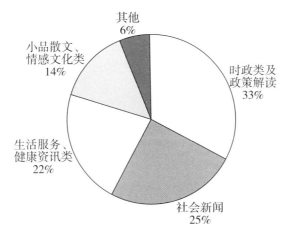

《河北日报》微信号内容取向

如上图所示，据统计，在上述期间内,《河北日报》微信号共发布文章 126 篇，其中时政类及政策解读信息 41 条，占比 33%；社会新闻 32 条，占比 25%；生活服务、健康资讯类 27 条，占比 22%；小品散文、情感文化类 18 条，占比 14%；其他信息 8 条，占 6%。

从数据上可以看出，作为党报移动传播平台,《河北日报》微信号主要以新闻类信息为主，并着力于时政类新闻。即使是严肃的时政新闻,《河北日报》微信号也力求做出新意，做出异于纸媒的内容。比如 9 月 1 日的 "河北上任头一个月，这是省委书记赵克志的日程表"，图文并茂地盘点了新省委书记履职一个月内参与的各种活动。

此外，与纸媒有所不同,《河北日报》微信号并不止于单单提供信息，而是更加注重政策的解读，通过大众化的视角，把偏重政府层面和政治层面的信息，转化成涉及老百姓生活层面的内容，增强文章的可读性。比如《河北日报》在8月29日刊发了"取消或调整省级实施的199项非行政许可审批事项"一文，8月30日，《河北日报》微信号即头条推出了"省政府取消71项审批！这些钱以后统统不用交了，别再花冤枉钱"的解读文章，对纸媒的报道进行了补充说明，详述了日常生活中与公众密切相关的收费项目。该文显示出了河北日报微信号异于纸媒的特色，得到了7万余次点击阅读，可以说取得了很好的传播效果。

在社会新闻方面，《河北日报》微信号也给予了很大的关注度。尽管有每天只能推送一次的限制，但在很大程度上，微信推送的灵活性还是弥补了纸媒对突发事件的力不从心，而且与以往不同，《河北日报》微信号充分发挥了社交媒体的特色，变单向的传播为双向的互动，增强了受众的参与感。

比如天津港爆炸案发生后的第二天，《河北日报》微信号以"最新，50死71重伤701住院，天津港爆炸事故滚动直播"为题做了推送，不仅转发了官方通稿，而且以评论的方式，实时更新，滚动直播，让读者了解到有关爆炸案的最新消息。此外，当天的推送中，《河北日报》微信号还头条推送了相关文章"兄弟有难！我们河北人能做些什么"。在文中，一方面号召读者齐心救灾，另一方面及时回应社会关切，对谣言进行辟谣。该文在短时间内获得近3万点击量，对舆论进行了较好的引导。

对于非突发的社会新闻，《河北日报》微信号也会基于"重要性、贴近性和趣味性"的考虑进行选材，尽量选择贴近日常生活、有共性、能对受众的行为构成指导意义的素材，而且常常选择视频体裁直接进行转发推送。比如 8 月 17 日的"太缺德了！爱吃海鲜的一定要看看"，曝光了烧烤店的食材黑幕；9 月 3 日的"小心银行卡新骗局！太邪门，连银行员工都整不明白"，揭露了一种新式的短信骗术；9 月 11 日的"这个小女孩太厉害！广场舞大妈都惊呆了"，则是一个小女孩用古筝弹奏广场舞配乐的视频，极富趣味性。

在服务内容上，《河北日报》微信号注重资讯的实用性和贴近性，而且在文章编排中十分讲究技巧，无论标题还是版式，都轻松活泼，很能吸引读者的注意。比如 8 月 25 日的"几毛钱让家里瓷砖焕然一新，几乎所有人都不知道！"，图文并茂地介绍了日常生活中如何经济实惠地清洗瓷砖的污垢；8 月 26 日的"河北人注意！这些日常物品千万不能混用，有生命危险"，仅是标题，就抓住了"河北人"的眼球。

此外，心灵鸡汤式的小品文章是网络上最容易唤醒集体记忆、引起共鸣的题材之一，《河北日报》微信号也会推送类似题材，而且会根据需要，对已有的获得广泛传播的文章进行加工处理，使其更具特色。比如 9 月 5 日的"如果你身份证是 130、131 开头的，这 27 件事千万不能忘！"，标题用一种很有趣的点名方式，吸引读者点击阅读，而内容其实是很流行的"那一年"体的怀旧记忆集，既拉近了与读者的距离，又引起了一代人的共鸣。该文短时间内点击阅读量即突破 10 万，在本文所选的《河北日报》微信号的 126 篇文章样本中，排名第一，有极好的裂变传播效果。

4. 呈现形式

《河北日报》微信号的内容形式十分丰富，根据对 126 篇样本文章的统计，有 112 篇文章的推送采用了图文结合的形式，有 8 篇文章的内容以视频的形式呈现，且有 2 篇文章以文字、图片和视频等多种形式结合的方式推送，而纯文字的内容仅有 4 篇。

在图文为主的编排方式中，一方面，读者获得了足够的阅读间隔，缓解了阅读时的焦虑感，能够以一个比较轻松的心态完成阅读；另一方面，字号、版式与图片的结合，也为整个界面增添了美感。

5. 内容来源

《河北日报》微信号所推送的内容来源是多渠道的，既有来自《河北日报》纸媒的原创内容，也有来自《人民日报》、新华社、河北经视等媒体的内容，甚至也包括这些媒体的微博、微信和新闻客户端的内容。除此以外，还转载、整理了其他非媒体类的微信公众号的内容，甚至也有从网络上整理的内容。

笔者对《河北日报》微信号 2015 年 8 月 13 日至 9 月 13 日发布内容的来源进行了梳理。据统计，原创内容占总推送内容的 48%（60 篇），来自《人民日报》、新华社、河北经视等其他媒体的内容占总推送内容的 29%（37 篇），来自网络整理的内容占总推送内容的 15%（19 篇），其他渠道的内容占 8%（10 篇）。

6. 标题制作

一个好的标题可以激发用户的阅读兴趣，标题的制作往往能够决定一篇文章的成败。笔者在《河北日报》微信号的推送中选取了几种常见的标题类型：

日期	推送标题
8.20	河北人注意了！从今天起到大阅兵，这些事你必须知道
8.20	习近平定下 6 件大事！国务院连发 7 大红包，与你生活息息相关
8.23	京津冀功能定位确定啦！规划纲要首次权威全揭秘，干货猛料多多
8.28	河北 9 月竟然有这么多大好事！放长假，领补助，不可不知
9.2	河北人专属的大阅兵指南！原来有这么多第一都与咱有关
9.7	男人比女人寿命短，原因竟是……
9.13	工资原来应该这么算！90% 的人都不知道

从上表可以看出，《河北日报》微信号的标题制作有以下特点：

（1）唤起身份认同

标题中点明某种类型的人群，从而吸引该人群或其他人的注意力，进而促成点击阅读、转发传播。比如"河北人注意了！从今天起到大阅兵，这些事你必须知道""河北人专属的大阅兵指南！原来有这么多第一都与咱有关"等。

（2）硬新闻软化

改变传统时政新闻的话语方式，把严肃的硬新闻融入到日常生活，使其更具亲近性。比如"习近平定下 6 件大事！国务院连发 7 大红包，与你生活息息相关"。

（3）提出疑问，制造悬念

利用人的好奇心，在标题里提出一个普遍关注的话题，然后制造悬念，把具体答案放在文中呈现。比如"男人比女人寿命短，原因竟是……""工资原来应该这么算！90% 的人都不知道"。

7.话语方式

党报承担着舆论引导的作用，其地位决定了语言风格的严谨、严肃。但是在新的传播环境下，党报也在不断探索新的话语方式，以达到更好的传播效果。

在话语方式的改进方面，《河北日报》微信号一方面不再是单向度地发布信息，而是更加注重受众的需求，站在接受者的角度进行推文的筛选，甚至在纸媒提供的信息之外，额外对一些政策类的信息进行解读、补充。

另一方面，语言风格更加符合受众的接受心理和接受习惯，甚至有些推送文章使用的就是网络语言，完全异于以往部分党报存在的说教文风。

案例二 《海南日报》微信公众账号概况

《海南日报》是《海南日报》报业集团主报，始终坚持"高扬主旋律，贴近老百姓，投身大市场"的总体思路，以广泛的新闻覆盖、深度的观察思考、丰厚的文化底蕴和精美的制作品质，为读者提供精彩纷呈、赏心悦目的精神食粮。目前《海南日报》全省人均占有率、省会城市人均占有率、自费订阅率、零售量等指标，均居全国省级党报前列。

据"中国新媒体指数"平台的统计数据显示，《海南日报》微信公众账号"海南日报"（ID：hnrb1950）于2014年2月26日完成微信认证。目前在"报纸"类账号中稳居100位左右，在最新排定的"中国微信公众号周排行榜"中排华南区第5名，在"全国160家主要综合性日报微信公众号周阅读量排行榜"中排第18名。由此可见，《海南日报》微信公众号有着较为广泛的传播影响力。

1. 推送情况

《海南日报》微信公众号每天推送1次，每次推送的文章数目为6—7篇，遇到重大新闻或突发情况，则灵活调整推送文章数量。推送时间相对固定，大致在 11:30—12:30。

2. 自定义菜单

《海南日报》微信公众号（hnrb1950）的主界面有三个菜单栏目，分别是"微商城""海南生活"和投票板块。

海南日报（hnrb1950）界面设置

点击"微商城"，会进入《海南日报》官方微店，读者可自助订阅季度/年度的《海南日报》。

点击"海南生活"，附有4个子板块，分别为"天气查询""便民服务""停电查询""使用指南"。点击"天气查询"，即弹出截至当前海口地区未来三天的天气情况，如需查询海南省内其他地区天气，可直接输入"城市＋天气"获取实时推送；点击"便民服务"，则链接至"海南生活百事通"网页界面，可查询交通出行、商旅旅游等各类信息；点击"停电查询"，跳转链接至"海南日报停电查询系统"，读者可提前订阅某一城市某个地区的停电资讯，可获取来自海南供电部门的最新停电通知；点击"使用指南"，详细解释了底栏各板块的使用技巧，可让初关注的读者快速了解该公众号的功能，非常便利。

而投票板块则定期发布"好人评选""优秀工作者"等投票链接，至2015年底，最新嵌入内容是"2015感动万宁"评选活动。此外，除了反响较好的"瓦要上封面"萌宝投票活动和最美马拉松线路投票活动，还开展了一系列"校园社区行"活动，反响热烈。

3. 内容取向

选取《海南日报》微信公众号在2015年8月16日至8月31日16天内的发布内容为样本，分析其内容发布取向以及编排方式。

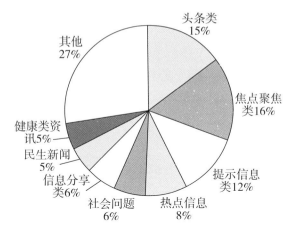

《海南日报》微信号内容取向

如上图所示，据统计，在上述期间内，《海南日报》微信公众号共发布文章107篇，其中头条类16篇，占15%；焦点聚焦类17篇，占16%；提示消息类13篇，占12%；热点信息9篇，占8%；此外，社会问题7篇，信息分享类6篇，民生新闻5篇，健康类资讯5篇，教育、天气、招聘等其他信息29篇。

从阶段数据上可以看出，作为省级党报的新媒体信息发布平台，《海南日报》微信公众号主要以新闻类资讯为主，突出本地化特征。对海南本省的新闻多放置头条区域，本地化风格显著。如 8 月上旬"【海头条】急需！海南要引进100 名这样的海外高层次人才！"因内容涉及人才招聘，且为国家政策的本地化解读，获得了较高的转发率。而 8 月26 日"【海头条】摊上大事了！海南家长别再送孩子去这200 所中小学和幼儿园"，因突发事件且为教育层面的信息，阅读量更是超过 6 万，引发了受众的集体关注。

与此同时，微信公众号旨在将简短的资讯进行深度挖掘，以集合式信息推送方式为读者提供较为全面的信息。"【海推荐】游泳去哪儿？海口 47 个安全游泳池都在这儿"，给予受众具有收藏价值的资讯，获得较高的收藏量。"【海头条】海南省委书记和省长一天都在忙这件大事儿！"将原本平泛的时政新闻转化为与受众生活息息相关的情境，提高了阅读的趣味度。

针对社会新闻，《海南日报》微信公众号注重对内容的选择，以受众关注度高的话题为主，并充分发挥社会化媒体的特征，变单向传播为双向互动，开设评论区，增强受众的参与感。如"【海社会】海口阿二靓汤包子吃出'指甲'经理坚称'蛋壳'，真相是……"聚焦食品安全，提出一系列问题，引发受众的热烈讨论；"【海社会】男子三亚影院殴打2 名女子致骨折，原因竟是……"则通过图文＋视频的方式，还原事发现状，在客观陈述事实的前提下，表达人文关怀，获得了读者的好评。

服务信息部分，《海南日报》微信公众号注重资讯的实用性和贴近性，且在排版方面注重突出重点，形式较为活泼，能够有效吸引读者的关注。例如"【海推荐】海口这家30年糖水面为啥受欢迎？十三小美食圈还有这些！"，放置大量精美图片吸引受众的眼球，将"美食"的概念生动地加以表达；"【海教育】家长快收！海中初中部划片招生报名啦（附材料清单）"，则注重资讯的时效性与实用性，以数据整合的方式获得了较多受众的认同。

除此之外，如"极端天气预报、运营商资费变更"等具有时效性的服务内容，基本做到了"及时＋全面"的展示，如8月23日"【海天气】暴雨今袭海南！后天全岛大部分地区降雨解'渴'"、"【海关注】海南运营商回应9月1日起手机或被停机：电信最严厉！"等推文，兼顾了实用性与时效性，为读者提供了确有实用价值的信息。

4. 呈现形式

《海南日报》微信公众号的内容形式多样，富有变化性。根据对107篇样本文章的统计，有100篇文章的推送采用了图文结合的形式，有2篇文章以视频的形式呈现，且有4篇文章以文字、图片和视频等多种形式结合的方式推送，纯文字的内容仅占1篇。

以图文为主的编排方式反响较好，受众能够在短时间内获取直观信息，并获得了足够的阅读间隔，缓解了阅读时的焦虑感；与此同时，一定的排版美化，对公众号的风格、气质也有视觉层面的助推作用。

5. 内容来源

《海南日报》微信公众号的推文，来源多样，渠道众多。既有来自海南日报纸媒的原创内容，也有来自《人民日报》、新华社等权威媒体的信息，同时囊括媒体大号的微博、微信和新闻客户端的内容。除此以外，针对趣味话题，该公众号也转载或整理了其他非媒体类的微信公众号、网络素材等内容，丰富自身推文的信息量。

　　笔者对《海南日报》微信公众号在 2015 年 8 月 16 日至 8 月 31 日所发布的内容来源进行了梳理。据统计，《海南日报》微信公众号的推送内容来源丰富，其中原创内容占总推送内容的 15.1%（16 篇），并保证每天至少一篇原创资讯；来自《重庆商报》、《现代晚报》等其他媒体的整合内容占总推送内容的 40.2%（43 篇），以生活资讯类信息为主；来自贴吧、论坛以及其它微信公众号整理的内容占总推送内容的 29.8%（31 篇），偏趣味性，话题较轻松；其他渠道的内容占 14.9%（17 篇）。

6. 标题设计

　　基于社会化媒体平台的特点，受众中多数使用碎片化时间快速浏览信息，在此背景下，一个好的标题对推文阅读量和热度有着极大的好处，甚至能够决定一篇推文的成败。笔者在《海南日报》微信公众号的推文中选取了几种常见的标题类型，如下图：

日期	推送标题
8.16	【海招聘】海口市公安局交警支队招 500 协警，快到碗里来！
8.17	【海提示】感冒药 + 退烧药 + 镇痛药 = 肝衰竭！别混吃，要命！
8.18	【海关注】一个好消息，一个坏消息！海南人你想先听哪个？
8.24	【海头条】海口电动车、机动车车主注意！今起违反这些规定要！罚！款！了！
8.28	【海推荐】美得不要不要的！海南有一个地方只有我们知道
8.29	【海关注】中国民营企业 500 强出炉　海南唯一上榜企业是……
8.30	【海提示】太爽了！这些钱国家已明令取消，不用再交了！

从上表可以看出,《海南日报》微信公众号的标题设计有以下几个特点:

（1）关键词标注,便于信息分类

纵观《海南日报》微信公众号的推送,虽信息内容多、形式多样,却都统一使用了如"【海关注】、【海聚焦】"等关键词标注形式开头,这样的标注能够让受众获得对推文内容的直观印象,同时有助于阶段信息的汇总整合,整体格式上的统一性也增强了推送的层次感。

（2）使用网络热词,增加亲近感

网络化语言具有简洁、有趣等特点,标题适当加入网络化语言,可以拉近与受众的距离,如"【海招聘】海口市公安局交警支队招 500 协警,快到碗里来!",将原本生硬的招聘信息趣味化,实现了良好的传播效果。

（3）针对目标受众,唤起身份认同

标题中点明某种类型的人群,从而吸引该人群或其他相关人的注意力,进而促成点击阅读、转发传播。例如"【海教育】重磅消息!这个改革红包海南中小学教师等到了!好处都在这儿"、"【海头条】海口电动车、机动车车主注意!今起违反这些规定要!罚!款!了!"等。

（4）情境设置,制造悬念

利用人的好奇心,在标题里提出一个普遍关注的话题,然后制造悬念,把具体答案放在文中呈现。例如"【海社会】奔驰车三亚神秘失踪车主遇害碰瓷背后竟有阴谋……"、"【海社会】澄迈女子宾馆内遭割喉身亡嫌犯竟和她相识多年!"等标题运用。

（5）设置疑问，增强冲突感

在标题中设置疑问，能够增强阅读前后的冲突感，吸引受众点击阅读。如"【海健康】超神奇！这样睡，睡5分钟等于6个钟头？"、"【海头条】全国聚焦海南这个县级市她为啥这么夺人眼球？"等标题设计，阅读量相对较高。

7. 话语方式

党报媒体定位决定了其话语方式相较都市晚报类媒体更加严谨，选题更为严肃。但在当今社会化媒体的环境下，以《人民日报》为代表的党报也开始运用新的思路发展新媒体，不断探索新的话语方式，取得了良好的传播效果。

在话语方式的改进方面,《海南日报》微信公众号的推文发布，变单向推送为传受互动，增加读者评论界面，及时回复趣味性强的热门评论。同时，聚焦受众感受，在推文选题的把握上，更加贴合生活实际，能够及时将时效性强、本地化突出的资讯予以发布，并能在纸媒原有素材的基础上，针对新媒体阅读特点进行深度加工。

除此之外，以更为"亲民"的语言解读新闻，并适当使用网络流行语等话术，提升了公众号的阅读感。针对本省的风土人情，有的放矢地突出"资讯本地化"等特点，能更为有效地形成受众同理心。

案例三　南方日报微信公众账号概况

《南方日报》是中共广东省委机关报，于1949年10月23日创刊，定位为以高端读者为对象的权威政经大报，以"高度决定影响力"为办报理念，以服务各级领导者、各层面管理者为主，是《南方日报》报业集团的旗舰媒体。特别是近 10 年来,《南方日报》以其权威报道、深度分析、舆论监督等不可替代的权威性和公信力,确立了华南地区主流政经媒体地位,成为广东省报业的龙头。

据"中国新媒体指数"平台的统计数据显示,南方日报微信公众账号"南方日报"(微信号:NF_Daily)的注册时间为 2012 年 11 月 23 日,而微信认证时间为 2014 年 10 月 12 日。《南方日报》官方微信依托《南方日报》及南网优势资源,凝聚中国最具影响力的网络正能量。作为中共广东省委机关报所主办的问政平台成员,《南方日报》官方微信致力发挥出密切联系读者网友的桥梁纽带作用。根据新媒体指数周榜的最新数据(2015-09-27 至 2015-10-03)显示,在"报纸"分类的900 多个样本公众号中,《南方日报》位于第 99 位,一周总阅读数达到 24 万,日最高阅读数达到 2.5 万,综合来看,《南方日报》在周排名中能够跻身百强,具有一定的传播影响力。

1. 推送概况

《南方日报》微信号一般每日推送两次,在突发事件当天会增加推送次数,推送的平均时间间隔大概在 6 小时左右,推送时间一般为下午 1 点和晚上 7 点,每次推送的文章在 3 到 4 篇,采取时事热点为头条,辅以资讯、实用帖的形式综合推出,使得每次推文内容丰富,在不丢失重大新闻的同时涵盖面广,不失生活的趣味性。

2. 自定义菜单

《南方日报》微信号的主界面有三个菜单栏目,分别是"今日报纸""精彩奉献"和"南方网",而"精彩奉献"主菜单下又分设"南方快报""深读""时局"三个子菜单。点击页面如图所示:

图1　今日报纸、南方网

图2　南方快报、深读和时局

"今日报纸"菜单栏点开的是《南方日报》当天的电子版，点击相应的模块能够放大想看的文章。"南方网"菜单栏则是链接到被称为广东媒体融合第一平台的南方网。"精彩奉献"菜单栏下面的子菜单"南方快报"则是其纸质报纸的电子版；子菜单"深读"则是推荐了一些调查性的深度报道，一般每天的数量在 4 至 5 篇；子菜单下"时局"则是推荐一些时事热点，一般数量在每天 3 至 4 篇。在每天推出的文章中，不难发现其均附有相应的图片，推文的数量和推出时间也相对较为固定。由此可见，南方日报微信号的管理较为稳定和成熟。

3. 推文分析

（1）样本内容分析

选取《南方日报》微信号 2015 年 8 月 13 日至 9 月 13 日发布内容为样本，梳理和分析其内容发布取向。

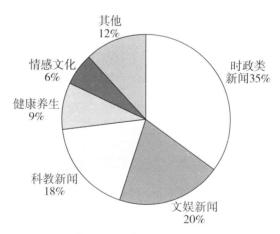

《南方日报》微信号内容取向

据统计，在这一时间段内，《南方日报》微信号共发布文章 192 篇，其中时政新闻 68 篇，占 35%；文娱新闻 38 篇，占 20%；科教新闻 35 篇，占 18%；健康养生文章 18 篇，占 9%；情感文化文章 11 篇，占 6%；其他文章 22 篇，占 12%。

根据以上的统计结果，首先是时政类新闻占比最高。南方日报微信号沿袭了《南方日报》"高度决定影响力"的办报理念，时政新闻中也多采用深度报道形式对政策、热点进行解读，而不是停留在告知层面上。例如，2015 年 8 月 26 日发布的独家新闻"广东省纪委书记揭露官场'两面人'脸谱 | 告诫：走偏的同志悬崖勒马还有希望"，以京剧中的百变脸谱形象来形容一些走偏的官员，以"七张脸谱"来揭示官员的腐败行为，既表达了反腐这一严肃的主题又不失读者阅读的趣味性。在该新闻报道中，脸谱一揭示官员表面信仰马列，背后迷信大师；脸谱二揭示官员表面勤勤恳恳，背后吃喝享乐；脸谱三揭示官员表面谋划发展，背后官商勾结……通过这样七个方面的揭示，让读者全面了解贪腐官员的行为，同时对政府官员也起到一个威慑的作用。在每一张脸谱下，又都配以生动形象的卡通图片，在严肃性的前提下又不失趣味性。

其次是文娱新闻和科教类新闻。此类新闻以介绍为主，前者多为一些文化产业的发展或是娱乐圈、文化界发生的一些重要或是有趣的事情。这类新闻的占比较高与互联网有很深的联系。南方日报微信号毕竟是以网络为平台的，在时政上寻求一定高度的同时，同样需要一些文娱新闻来吸引读者的注意，增加流量。后者主要包括一些科普知识或是教育界发生的重大事件。例如，"《三体》夺科幻文坛最高荣誉雨果奖"，"NASA 航拍的璀璨夜景"等。而在教育类新闻中，升

学类新闻的数量日益增多。例如,"住校小学生的开学日:笑声与哭声中告别爸妈 | 究竟几岁住校比较合适?"、"小升初 | 政策年年变,家长不想犯晕就看过来"等。文娱和科教与人们的日常生活息息相关,也是其重要组成部分,这类新闻的数量不断上升也从侧面反映出人们生活水平和文化素质的提高。

最后是健康养生类、情感类文章,种类较杂,迎合部分人的需求,符合互联网的"蓝海经济"。在人们日益关注个人身心健康的社会环境下,养生类节目、情感类节目逐渐增多,不管是卫视还是纸媒都相应开设了这类栏目。节目的泛滥与盲目增设,必然是良莠不齐,这类节目或报道怎样做到实用、新颖,是值得我们深思的问题。在南方日报微信号中,一篇题为"周末科普 | 日本人都不吃三文鱼了,我们还在吃?三文鱼刺身到底有没有寄生虫?"的文章,阅读数达到了1.6万。首先,文章的题材抓住了人们日常生活中的疑虑,即三文鱼刺身究竟能不能吃这一问题;其次,文章采用了图文结合的方式,不仅配以整条鱼的图片,还配以三文鱼刺身的图片,并且将其与虹鳟鱼进行对比,介绍两种鱼的不同点以及辨别的方法,充实了文章的内容。

(2)内容形式分析

对样本内容分析后发现,95%以上的推文都采用图文结合的方式,部分文章还辅以相应的音乐或是视频。在文章的排版上,采用多级标题、少文字、多图片的模式,使文章尽量满足读者在移动设备环境下的视觉阅读习惯。以样本中阅读量最高的一篇报道"一家'日本商品'店被揭老底!全国许多地方都有,广东最多!"为例进行分析,报道开头便使用黑色加大一号的字体来吸引读者的注意力，并且带出这次被揭底的主角——名创优品。接着便是"名创优品"门店的照片，辅以简短的文字介绍，在此更是添加了曝光的视频，以丰富多元的内容抓住了读者的视线。在这之后，报道才从"商品高仿别的商品""包装上的日文错误百出""商标比日本早大半年""日本品牌在日本只有 4 家分店""是谁创立的名创优品呢？"这五个方面揭示了"名创优品"实质是打着日本进口名义，卖的基本都是国产产品的一家企业。小标题都加黑字体来提高识别度，图片采用对比的方式来揭示主旨，在进行段落分割时，采用了蓝色的文字将段落分离，使用黄色的文字来突出文章的重点。在此基础上，编辑又融入了一些网络上常用的表达方式，例如，"华丽丽的分割线""鄙视的表情"等，使内容更加轻松活泼，易于接受。

4. 标题制作分析

在所得样本中使用随机抽样的方法，通过计算器产生十个 1 至 192 之间的随机数，并根据随机数的数值按样本排序抽取十个标题进行分析、比较，从而发现南方日报微信号推文标题的形式技巧、内容及其遵循的规律等。

日期	推 送 标 题
9.03	胜利日阅兵看得热血沸腾！最新最全图片都在这里！| 习近平现场宣布裁军 30 万
9.10	小心！帮熟人在朋友圈转发广告，违反新广告法最高罚 100 万！| 这些广告转发要谨慎！
8.26	两千块一辆雅阁轿车，买吗？| 广东车改首场拍卖下月举行 103 款车可淘

续表

日期	推 送 标 题
9.09	【肾机又来!】吓!苹果 6s 被爆炒破 2 万丨或许真的有粉色,快管好女盆友……
8.25	【提醒】已有多人中招!朋友圈拉你投票,很可能坑死你……
8.24	定了!最高三成养老金可搏击股海丨然而,今天上午股市暴跌 8%……网友:上班心情如上坟
9.06	毁容于无形!10 个让你慢慢变丑的习惯,我们常做却仍不在意!
9.04	大国点兵丨南报君带你看全国各大报纸如何报道 9·3 胜利日大阅兵
8.31	【暖心】最喜欢你笑起来的样子呀,所以我会每天都努力让你过得很开心
9.11	【资讯】10 万优惠名额来了!还有海陆空高帅富、德国黑啤、老字号!旅博会第二天必须吃吃吃、买买买~

对以上的标题我们可从以下几个方面进行分析:

(1)标题的风格

在以上抽取的十个标题中我们统计出感叹号共出现 12 次,并且有一半标题感叹号出现了两次以上,可见,标题基本采用较为强烈的感情来表达主旨,或是说采用较为煽情引人注意的方式来吸引读者的注意。例如,标题"毁容于无形!10 个让你慢慢变丑的习惯,我们常做却仍不在意!"出现了两次感叹号,令读者一看标题就产生较为强烈的感情,迫不及待想看文章内容以知道什么习惯会导致自己慢慢变丑。同时,与感叹号相配合的还有"【】",使用括号将重点内容标示出来。

标题虽然总体上看都较长,但细看会发现南方日报微信号实则是采用短句的形式来组成一个长标题,使内容简单易懂又充实丰富。例如,标题"小心!帮熟人在朋友圈转发广告,违反新广告法最高罚 100 万!丨这些广告转发要谨慎!"从中可发现开头是两个字"小心"组成的短语,其目的无疑是想要读者的视线在此停留，将文章看完。在引人注意之后，才引出文章的主题，采用的是循循善诱的方式将读者带入到文章之中。

（2）标题的内容

改变传统时政新闻的话语方式，把严肃的硬新闻融入到日常生活，使其更具亲近性。例如"大国点兵｜南报君带你看全国各大报纸如何报道9·3胜利日大阅兵"这一标题，国家阅兵是重大的政治事件，而《南方日报》却以"南报君"自居，把阅兵说成"点兵"，通过这些字眼拉近了与读者的距离，起到了良好的传播效果。

利用人的好奇心，在标题里提出一个普遍关注的话题，然后制造悬念，把具体答案放在文中呈现。标题采用的是引子的方式，将读者带入新闻，有别于传统的标题制作方式。

案例四 《河南日报》微信公众账号概况

《河南日报》是中共河南省委机关报。作为河南第一大报，《河南日报》以其权威性、指导性、服务性、可读性而成为党政干部、企事业领导决策指导工作的必读报纸，也是社会各界了解新闻动态、交流经济信息、消遣业余生活的重要传播媒介，享有其他传播媒体难以取代的声誉和影响。

2014年9月28日，《河南日报》微信公众平台"河南日报"（hnrbxmtb）正式上线，旨在利用新媒体的形式，更好地传播主流价值、弘扬正能量。在其账号平台的功能介绍中，有这样一段话："踏中国厚土，做独家文章。河南，中国人的老家，永远的故乡。欢迎回家！"河南日报（hnrbxmtb）以这样一种亲切、立足本土的方式来拉近跟读者的关系。

1. 推送情况

河南日报（hnrbxmtb）一般每日推送一次，推送没有固定的时间段，每次推出3—5篇文章，内容多为政治经济、社会、生活服务等，大多为河南本地事件，跟河南人息息相关，具有河南特色，极易引起河南人的共鸣。它推送的头条新闻基本能维持一万左右的点击率，有时甚至能达到数万。

2. 自定义菜单

河南日报（hnrbxmtb）的主界面

河南日报（hnrbxmtb）的主界面有三个菜单栏目，采用比较生活化的词语，分别是"正事""老家"和"别的"。

"正事"主菜单下又分设"领导去哪""独家报道""热点

解读"三个子菜单，分别推送省委领导最近的动态、《河南日报》新媒体部的独家新闻以及近期社会热点的解读报道。

"老家"主菜单下分设"豫味儿""私人医生""谈情说爱""新阅读"四个子菜单。"豫味儿"推送有关河南特色的生活资讯，比如本土美食的制作方法；"私人医生"推送健康服务信息；"谈情说爱"推送情感类文章。

"别的"主菜单下分设"送话费""看电影""拼国学"三个子菜单，主要用以与用户互动，为其提供文娱信息。

3. 内容分析

河南日报（hnrbxmtb）推送的内容有时政、社会新闻，生活服务资讯类信息，小品散文、情感文化类文章等。

时政方面，河南日报（hnrbxmtb）紧跟时局，很注重反腐信息的推送，以给标题加标签的形式，开辟了反腐专题。比如"河南反腐|竟然有这样的政法委书记：天天研究如何主动发短信索贿"、"河南一周反腐|郑州市人大原副主任被判无期"……从标签的设置也可以看出，河南日报（hnrbxmtb）除了以"河南反腐"的方式，关注日常反腐信息，还以"一周反腐"的形式，推送反腐信息的盘点汇总。

社会新闻方面，河南日报（hnrbxmtb）有很强烈的本土意识，注重推送与河南人、事相关的新闻题材。比如9月3日的"今天，这些河南元素震撼13亿国人！"，从九三阅兵活动中选择河南本土的人、物元素进行整理报道，极具地域特色。此外，河南日报（hnrbxmtb）也很注意利用热点、明星人物容易吸引眼球的特点，制作相关的推送。比如9月8日的"李亚鹏回河南做慈善，需要帮助的老乡快打电话！"，讲述李亚鹏回乡访亲祭祖，并与当地某医药单位合作开展慈善医疗的活动。虽然该文并非头条，但依然获得过万的阅读量。

生活服务资讯方面，河南日报（hnrbxmtb）注重与社会热点、其他新闻的结合，有针对性地制作相关推送。比如天津滨海爆炸事件发生后，即推出"当心！藏在你身边的5个爆炸源"，提醒读者平时如何规避因违规操作家用电器或小工具而引起的爆炸；央视报道一名乘客因乘飞机出现不适、航班备降郑州之后，河南日报（hnrbxmtb）编发"17种人不要坐飞机 | 乘机突然不舒服咋办？这是救命帖"的文章，提醒读者如何应对乘坐飞机时的突发状况。

4. 内容形式

河南日报（hnrbxmtb）的推文多采用图文结合的形式，有时也配以视频，纯文字的推送几乎没有。

以2015年9月10日的一篇推文来看文章的排版形式。如下图：

图中左图的导语部分单独设置在一个红色的框线内，让读者一眼就能看懂文章大致内容。右图为文章结语，单独放置在蓝色的框线内，文字简洁明了。这种版式的变化不会让读者觉得文章太平淡。文章最后，编辑又用一两句话做点评，并用特殊颜色加以突出。点评之后，编辑又选发了部分读者的精彩评论，以增强推文的互动感。

5. 标题设计

河南日报（hnrbxmtb）推文的标题设计很有特点，笔者选取 8 月 13 日至 9 月 13 日的推文数据作为样本。统计发现，在此期间，河南日报（hnrbxmtb）共推送 118 篇文章，而标题中带"河南"字样的文章，有近 60 篇之多，说明河南日报（hnrbxmtb）不仅注重选材的本土性，还非常重视在标题上强化这种本土性。这样做，一方面可以设置悬念，强化身份认同，刺激本地读者的阅读兴趣，比如"河南各地最美的大桥，哪一座有你的回忆？"；另一方面，也可以表明"河南"与所推文章的内容紧密相关，让非本土的读者迅速将事件定位在"河南"，比如"牛郎织女说南阳话？中国'四大爱情传说'竟然都源自河南"。

案例五　《四川日报》微信公众账号概况

《四川日报》是中共四川省委机关报，在党报实践中，锁定了"时代主旋律，民生大视野"的主导方向，确立了"权威政经大报，出色主流新闻"的办报方针。

据"中国新媒体指数"平台的统计数据显示，四川日报的微信公众号"四川日报"（scrbgfwx）注册于 2013 年 4 月 11 日，可见其较早地开展了移动端的传播尝试。根据新媒体指数的数据显示,在"报纸"分类的 900 多个样本公众号中,四川日报(scrbgfwx)在 300 名左右徘徊,传播影响力中等。

1. 推送概况

四川日报(scrbgfwx)一日一推,推送时间相对固定,每次推送 4—6 篇文章,内容多涉及政策解读、社会热点、本地服务资讯等,其中社会新闻、服务类信息占较大比重。在阅读量方面,非头条点击量与头条点击量差距较大,多则过 10 万阅读,少则仅有几十点击量。

2. 界面设置

四川日报(scrbgfwx)的主界面

四川日报(scrbgfwx)的主界面有三个子栏目,分别为

"今日川报""天天有奖"和"发现四川"。

其中,"今日川报"又有四个子菜单:第一个是"川报网",点击即可进入"四川日报网",浏览当天新闻资讯;第二个是"电子版",点击可以获取当日《四川日报》的电子版;第三个是"我要问政",链接到"问政四川"的网站页面,用户可以就关心的问题在线问政;第四个是"联系我们",提供报料、领奖和合作的联系方式。

"天天有奖"下设"砸金蛋"一个子菜单,用户可以通过游戏的方式赢取话费。

"发现四川"下设"好吃""好玩""好看"三个子菜单,为用户提供线下商家信息,并推送一些经过整理的文章。

3. 内容取向

随机选取 2015 年 8 月 13 日至 9 月 13 日的推送内容作为数据样本。

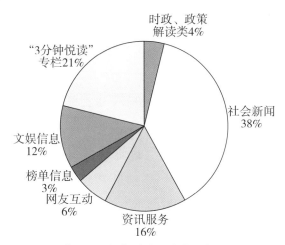

《四川日报》微信号内容取向

据统计,在样本选取期间,四川日报(scrbgfwx)共推送 154 篇文章。其中,时政、政策解读类新闻 7 篇,占 4%;

社会新闻 59 篇，占 38%；资讯、服务类信息 25 篇，占 16%；网友互动（晒照片、投票等）9 篇，占 6%；榜单类信息 4 篇，占 3%；文娱信息 18 篇，占 12%；"3 分钟悦读"专栏 32 篇，占 21%。

由此可见，四川日报（scrbgfwx）不拘泥于其"党报"类媒体的身份，在推送题材上不局限于时政类新闻，更加注重软新闻的挖掘；而在社会新闻的推送上，四川日报（scrbgfwx）非常注重信息的整合，在完成常规的消息报道之外，提供额外的资讯，方便读者解决问题。比如 8 月 26 日推送的"又有 3 人吃蜂蜜中毒身亡！国家食药监局发紧急提醒！"一文，文章先是回顾了湖北鹤峰 3 位村民食用蜂蜜后中毒身亡的事实，然后对"蜂蜜是否真的可以导致中毒"进行释疑，并提醒读者不要食用生鲜蜂蜜，继而对市场上的各类蜂蜜进行揭秘，最后又列出不宜食用蜂蜜的人群。

类似的信息推送模式在四川日报（scrbgfwx）并不少见。相对于有限的报纸版面，在微信平台上，四川日报（scrbgfwx）充分利用信息链条，探索出了"社会新闻+资讯服务"的模式，使单篇文章的信息量最大化。当然，这种做法也存在弊端，虽然提供的内容更加丰富，但是也导致篇幅过长，这与用户"快阅读"的使用习惯不相符。

在资讯、服务类信息中，四川日报（scrbgfwx）涵盖了旅游线路、美食地图、电影资讯、交通指南等内容，而且这些内容往往能够找到由头推出，契合某一节点上用户的需求。比如在反法西斯战争胜利 70 周年小长假前推出了"专属吃货的小长假！成渝两地 9 个美食古镇，走起来！"，介绍了假日期间的游乐地点；9 月初在大量影视作品上线前，推出了"速戳！9 月好看的电影都在这咯！蜀叔请你看电影！"的活动，满足用户的观影需求。

为了更加适应用户的休闲娱乐需求，四川日报（scrbgfwx）还整理推出了文娱类信息，比如"有一个四川人当男 / 女朋友，是一种怎样的体验？""据说，这是所有老师都有的口头禅，实在太酸爽！""12 段戳泪点的相爱故事或许你会爱上他们的爱情！"等等。

在特殊的节日里，四川日报（scrbgfwx）会采用聚焦的方式开展主题活动，加强与用户之间的黏性。比如七夕时节，从 8 月 14 日至 8 月 20 日，四川日报（scrbgfwx）连续一周推出"晒照"活动，并采用投票的方式，吸引用户参与互动。

此外，四川日报（scrbgfwx）还开辟了小专栏"3 分钟悦读"，用作每日推送的最后一篇文章。其内容多为小品文，比如"没有'小确幸'的人生，不过是干巴巴的沙漠""所有疏远了的感情都是理所当然""毕淑敏：幸福是一种内心的稳定"。

4. 内容形式

在所选的 154 篇样本文章中，有 10 篇文章采用了"视频 + 图片 + 文字"的表现形式，其余的 144 篇文章也都采用了"图片 + 文字"的形式，并且单篇文章中图片的比重较重，常有多张静态或动态的图片出现。大量图片的使用，虽然符合读图时代的阅读习惯，但笔者以为，图片的使用也应有度，一是图片的使用会使文章信息呈现碎片化，二是大量图片会加大后台编辑的难度，而且会增加用户在阅读过程中的等待时间，巨量图片在短时间内加载不完，会消耗用户的耐心，甚至导致用户流失。

四川日报（scrbgfwx）以"有温度、有态度"定位，大部分推送都会在结尾对文章中出现的人或事进行点评，短则三言两语，多则几个段落，把"蜀叔"的身份运用得活灵活现，很有特色。而且很多推送也都加强了与读者的互动，经常在结尾有"发表评论赢取话费"的活动。

此外，根据信息的重要程度，编辑还会对不同的内容标以不同的颜色，并以"蜀叔"的身份加以点评，辅以各种表情图片，活跃行文气氛。

5. 内容来源

四川日报（scrbgfwx）的内容来源大致有以下几种渠道：第一，本地媒体，比如《四川日报》《华西都市报》《成都商报》《天府早报》、四川卫视等；第二，全国性媒体、网站，比如《人民日报》《环球时报》、人民网、中新网、中新社、新华网、新华社、新浪网等；第三，其他地区媒体，比如荆楚网、澎湃、《新京报》等；第四，整理自网络。

6. 标题制作

在 154 个样本数据中，选取阅读量最多的 5 个标题和阅读量最少的 5 个标题，见下图：

日期	推送标题
8.13	唯有英雄，逆火而行！
8.14	疯狂！一群 95 后当街上演"追星大战"
8.20	看川大最火教授谢谦"花式秀恩爱"如何虐哭单身汪！
8.17	断道、树倒、车停……全川 5 万多人受灾，你的家乡还好吗？
8.28	四川 175 个区县最新排名！龙泉驿再次夺冠，你的家乡第几？（彩蛋）
9.12	精彩瞬间！全国残运会暨特奥会开幕无臂考生用"手"传火炬！
8.25	点赞！达州 3 名小孩扶老人被讹，获 5000 元"委屈奖"
8.20	七夕说爱，不得无"礼"！投票结果公布，看看谁得到第一名吧！
8.16	七夕大胆说爱蜀叔帮你送礼报名最后一天咯！（彩蛋）
8.31	抗战胜利纪念日，带上孩子来场"红色"之旅吧！

如上图所示，前 5 个为阅读量最多的推送文章标题，后 5 个为阅读量最少的推送文章标题。相比之下，能够获得较多点击的标题有以下特点：

（1）半遮半掩，制造悬疑，引人阅读。比如"疯狂！一群 95 后当街上演'追星大战'"，对某种行为进行了点评，但并不指明到底是什么行为，从而激发读者的好奇心。

（2）"你的……如何？"句式。这种句式经常在前半句描述一种情境，然后用关切的口吻提出疑问，比如"你的家乡还好吗？""你的家乡排第几？"，易降低读者的戒心，引发关注，忍不住点进去看个究竟。

事实上，观察以上标题，会发现四川日报（scrbgfwx）在标题制作上并没有使用过多的技巧，总体来讲还是比较平淡的，这也是四川日报（scrbgfwx）目前的短板，是在以后的推送中可以改进的地方。当然，这也从侧面说明，标题的制作技巧虽然会影响阅读量，但推送内容能否为用户提供信息服务、休闲娱乐，能否契合读者的某种需求，是文章能否在微信平台获得良好传播效果的重要保障。

案例六　新疆日报微信公众账号概况

《新疆日报》是中共新疆维吾尔自治区委员会机关报。据"中国新媒体指数"平台的统计数据显示，新疆日报微信公众账号"新疆日报"（xinjiangyaou）注册于 2013 年 2 月 20 日。

1. 推送概况

新疆日报（xinjiangyaou）每天推送一次，一般 4—6 篇文章，内容涉及新闻、生活服务等，每日总阅读数一般 1000 人次以下。在中国新媒体指数"报纸"分类的 900 多个样本公众号中，新疆日报（xinjiangyaou）排在 600 名左右，传播影响力偏弱。

2. 界面设置

新疆日报（xinjiangyaou）界面

新疆日报（xinjiangyaou）的主界面下设三个栏目，分别是"数字报""微期刊"和"微互动"。

"数字报"链接到当日电子版的《新疆日报》，用户可以进一步点击查看信息；"微期刊"下设三个子菜单，分别为"疆这 60 年 1""疆这 60 年 2"和"疆这 60 年 3"，以动画的形式展现了新疆设立自治区 60 年以来的社会变化。

3. 内容取向

选取 2015 年 8 月 15 日—8 月 31 日的推送文章作为样本。

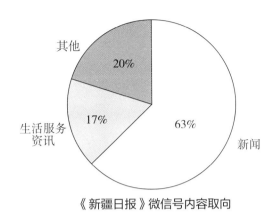

《新疆日报》微信号内容取向

　　据统计，在此期间，新疆日报（xinjiangyaou）共发送文章88篇。其中，新闻55篇，占63%；生活服务资讯15篇，占17%；其他文章（榜单、公示等）18篇，占20%。从内容的构成来看，新疆日报（xinjiangyaou）偏重推送新闻类信息。

　　在新闻类信息中，主要为时政、社会新闻。其中，时政类消息主要涉及省级领导的活动报道，政府部门的政策发布、解读；社会新闻涉及教育、交通、奇闻趣事、网络热点等，覆盖面比较广。有些题材具有强烈的地域特色，比如8月16日的"最后一次机会！新疆本科层次双语班、民考汉今天征集志愿"，内容涉及高考志愿填报。

　　生活服务资讯方面，新疆日报（xinjiangyaou）会根据地域特色推出一些生活类信息，比如8月23日的"吃了这么多年新疆拌面，原来这才是吃拌面正确的步骤！"，讲述当地小吃的食用方法；8月28日的"秋天来啦，正是做新疆麻辣牛肉干的好日子！"，是一篇关于当季食物制作方法的推文。另外，新疆日报（xinjiangyaou）也能结合热点，整理一些服务类信息，比如8月19日的"提前放毒！跟随《爸爸去哪儿》一起到火焰山体验吐鲁番美景！"，就将当地的美景与热点节目相结合，既推广了旅游景点，也为节目作了播出预告。

此外，新疆日报（xinjiangyaou）还有一些通知类、调查类、主题互动活动类以及美景欣赏类的推送文章。

4. 内容形式

所统计的 88 篇文章中，采取视频与图文相结合形式的文章有 3 篇，采取文字单一表现形式的文章有 18 篇，采取图文结合表现形式的文章有 67 篇。

只用文字表现形式的文章，大都是时政类新闻、通知、公示等信息。整体来看，文字比较多，有些推文能灵活运用排版，用加粗、着色或者插入彩色边框的形式，把大段的文字切割开，方便阅读，但毕竟是少数。

新疆日报（xinjiangyaou）的推送中，占比最重的新闻消息类推文采取从报媒直接转载的形式，缺少相关的新闻链接、信息拓展。由于是直接转载，行文语言也都是报媒的风格。

5. 标题设计

新疆日报（xinjiangyaou）的推文大都在标题上设置了分类标签，比如"【科普】喝酒吃凉粉，他竟然中毒了……喝酒时千万别吃这些菜！"表明文章内容属于生活知识类，而"【美食】16 种鱼的做法超美味快收藏"，则表明文章内容跟食物有关。

但是，分类标签也存在设置比较随意的情况，比如 8 月30 日的"【播报】第四届亚欧丝绸之路服装节开幕"，看标题读者就能明白这是一条新闻，没必要在前面加上"播报"字样。而且在所选的 88 篇推文样本中，"播报"的分类只出现了这一次，其他新闻类推文标题均没有"播报"的字样，单单这条加上标签，有点不妥。类似的标签还有诸如"【动态】新疆成人高考网报 8 月 28 日开始""【见闻】新疆人民会堂'变脸'了"等等，也是只出现了一两次。一方面说明编辑没有大致的文章分类体系，"见文章下菜单"，拿到推文临时想"标签"；另一方面也说明对已有的分类标签，没有定期编选相应题材文章的习惯。

第三节　党报微信公众号运营四要素

回顾以上案例，不同的党报微信公众号在实际运营过程中，有不同的传播效果，这种效果的差异受限于各地域的具体情况，比如经济发展水平、文化普及程度、微信使用习惯、媒体发展程度……这些因素都对微信传播的效果有直接或间接的影响。但是，抛开客观因素，笔者认为，党报微信公众账号要提高传播影响力，应摆正自己的位置，从传播理念、传播内容、传播形式等方面着手，改进传播策略，适应受众在移动平台的接受习惯，形成自己的运营特色，只有如此，才能切实提高公信力与传播力。

1. 准确定位

党报微信公众号与其他类别的微信账号不同，在上情下达、舆论引导方面，有着先天的影响力，是新兴媒体中的舆论引导者、党和国家大政方针的权威阐释者。这一点，党报微信公众号与党报纸媒具有同样的责任担当，但这不意味着党报微信公众号只要照搬报媒的内容，就可以顺其自然地在移动端获得相应的公信力和传播力。事实也证明，如果党报微信公众号只是一个党报在电子版之外的另一个复制粘贴的线上产物，是不会有什么影响力的。

因此，党报微信公众号一定要有明确的角色定位、功能定位，积极探索微信新媒体的传播机制，改变以往说教的语态模式，尊重微信平台的传播规律，主动适应微信私密性、互动性的传播特点，真正变"宣传"为"传播"。

2. 做好内容

党报微信公众号内容应与报媒内容有所区别。

一方面，在内容的推送上，新闻类资讯应变传统的消息传播为深度解读。如今，受众的媒介接触渠道异常广泛，受制于微信平台消息推送的限制，党报微信在纯事实类的报道中没有时效优势，照搬报媒新闻报道或从其他媒介渠道不加整理、直接转载，是没有市场的。而且报媒的传播语态与微信用户的接受习惯是不相符的，不做任何调整就推送给用户，是无视其需求的行为。

针对服务类、科普类、读书小品类的推送，也应尽力推送那些受众切实需要的，实用价值、营养价值更高的生活信息。此外，还可以通过合作或其他可行的方式，打通与其他专业类的微信公众账号的链接通道，不仅可以实现健康生活信息的传播，更能够以其权威性为微信公众号的品牌建设与公信力加分。

另一方面，在形式上，不仅要摒弃报媒呆板的排版模式，也要在图文结合的形式之外，突破思维束缚，发挥微信平台可以运用视频、音频等多媒体形式的优势，真正实现微信新媒体功能的完全发挥。

在内容的运维上，只有真正以用户需求为指导，注重文章发送的软硬属性组合，提高信息整合能力，合理安排推文的数量、推送时间，真正做到群众爱听爱看，产生共鸣，才能发挥出党报微信公众号引导舆论、传播正能量的作用。

3. 加强互动

是否具有互动性是人们乐意在微信平台上传播、分享信息的一个重要因素。而无论是从内容上看，还是从传播方式上考量，党报微信公众号的互动性都比较弱。

在内容上，党报微信公众号习惯套用报媒、其他微信公众号的成品，且几乎都是以编辑个人的喜好来决定一篇文章能否被推送到用户眼前。这在平等的传受关系当中，是不合适的。尤其是当前大数据等可供挖掘分析用户需求的技术已经初具形态，党报微信公众号应该加强受众意识，避免自说自话，在选题上真正"三贴近"，照顾到用户的信息需求，并冠以符合其接受习惯的形式，为其发布、诠释、解读信息。

事实上，一个微信账号的关注人数是一定的，而每次推送也只有一个头条，如何能发出引爆朋友圈的推文，不仅要在内容制作上发力，也要遵循其传播机制，在订阅、促成转发上下功夫。这就要求党报微信公众号放低姿态，转变语态，不仅在语言形式上让受众有亲近感、参与感，还要开展诸如"评论有奖""转发有礼"的互动活动，吸引人气。

4. 注重微信的传播特点

相对于其他的传播平台，微信作为新兴的媒介形式，本身具有非常多的特点，比如熟人网络、私密性传播、便利的互动性……这些特点都是党报微信公众号在具体运维过程中，应该有针对性地加以考虑的因素。

当然，在目前的传播语境下，党报微信公众号的发展，甚至整个微信公众号的发展，都还处在发展阶段。笔者认为，如何利用微信公众号，推动党报与新兴媒体的深度融合，进一步提升党报作为主流媒体的话语权与舆论影响力、引导力，还有待进一步探索。

参考文献

[1]《第 35 次中国互联网络发展状况统计报告》，《中国互联网络信息中心》，2015.2

[2] 苏青场，《新媒体与党的建设》，光明日报出版社，2014 年

[3] 张倩，《党报微信公众账号的影响力与发展策略》，吉林大学，2015.5

[4] 吕婉婷、陈怡含，《微信公众平台使用对比研究——基于人民日报、央视新闻、新京报微信公众平台的对比》，中国人民大学，2014.12

[5] 谢玉洁，《中国主流媒体法人微信对比分析——以人民网、〈人民日报〉、〈光明日报〉、央视新闻、中国之声为例》，人民网研究院，2015.3

[6] 周蕾，《微信广告传播力研究》，《东南传播》2012（1）。

[7] 邱敏，《品牌延伸与互动平台——兼谈广州日报官方微博和微信的运营》，《青年记者》2013（12）。

[8] 方兴东、石现升、张笑容、张静，《微信传播机制与治理问题研究》，《现代传播（中国传媒大学学报）》，2013（6）。

第五章
省级党报新闻客户端发展现状观察

移动互联的兴起，使手机这个小小的方寸之地，已然成为"兵家必争之地"。新闻类APP，成为当下报业集团媒体融合发展、布局移动端的重要选择。在两微一端几乎成为纸媒标配的今天，党报新闻客户端发展现状如何？它面临哪些机遇和困难？

针对这些问题，笔者选取2015年9月1日至11月20日部分省市自治区党报新闻客户端为观察样本，着重关注国内省市自治区党报新闻APP的发展现状，并对发展中存在的问题进行剖析，共同探索党报APP的发展之路。

第一节　省级党报新闻客户端发展现状

总体来讲，目前省级党报新闻客户端发展很快，在数量、分布、内容等方面都有了很大突破，但与传统四大门户网站开发的APP相比，还有一定差距。

一、大部分省级党报新闻客户端已上线

　　总体来说，省级党报新闻客户端遍地开花，有成为党报"标配"的趋势，这些省级党报新闻客户端的正式上线时间集中在 2014 年、2015 年，2016 年是省级党报新闻客户端上线的高潮，同时，新闻客户端的竞争也将进入白热化的阶段。

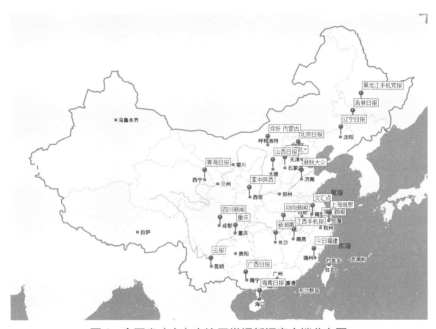

图 1　全国省（市）自治区党报新闻客户端分布图

表 1　省（市）自治区党报新闻客户端上线时间表（统计截至 2015 年 11 月 20 日）

序号	省级党报报业集团	APP 名称	上线时间
1	上海报业集团	上海观察	2014.1.1
2	重庆日报报业集团	看重庆（重庆）	2014.2.24
3	江西日报传媒集团	江西手机报	2014.2.25
4	浙江日报报业集团	浙江新闻	2014.6
5	内蒙古日报报业集团	你好·内蒙古	2014.8.18

续表

序号	省级党报报业集团	APP 名称	上线时间
6	福建日报报业集团	今日福建	2014.8.20
7	四川日报报业集团	四川新闻	2014.9.18
8	河北日报报业集团	在河北＋	2014.9.28
9	陕西日报传媒集团	掌中陕西	2014.10.30
10	山西日报报业集团	山西日报官方版	2014.11.28
11	广西日报传媒集团	广西日报	2014.12.22
12	北京日报报业集团	北京日报	2015.1
13	湖北日报报业集团	动向新闻	2015.1.20
14	海南日报报业集团	海南日报	2015.3
15	云南日报报业集团	云报	2015.5.15
16	青海日报报业集团	青海日报 （中国藏族网通）	2015.6.2
17	辽宁日报报业集团	辽宁日报	2015.6.16
18	大众日报报业集团	新锐大众	2015.7.17
19	黑龙江日报报业集团	黑龙江手机党报	2015.8.01
20	湖南日报报业集团	新湖南	2015.8.15
21	吉林日报报业集团	吉林日报	2015.10.10
22	新华日报报业集团	交汇点新闻	2015.11.17

　　22 个省级党报新闻客户端中，有 20 个客户端的名称基本与本省市名称相结合。有的与党报名称一模一样，如《北京日报》《辽宁日报》《山西日报》《海南日报》《广西日报》《吉林日报》《青海日报》；也有与党报集团名称或者地区特色有联系，如上海观察、新锐大众、浙江新闻、新湖南、四川新闻、在河北＋、黑龙江手机党报、今日福建、云报、掌中陕西、江西手机报、看重庆、你好·内蒙古；另外，跳出党报名称取名的是《湖北日报》的动向新闻和《新华日报》的交汇点新闻。

在板块名称设置上，各省级党报新闻客户端也尽量结合本地特色，将本省的缩写融入其中是比较普遍的做法。22家省级党报新闻客户端中，有9家在板块设置上体现了地方特色。

同时，有很多省级党报新闻客户端则是将省内的优美风景作为封面，例如浙江新闻客户端、四川新闻客户端、在河北+客户端。

省级党报新闻客户端封面中有广告出现的只是极少数。例如《陕西日报》客户端首页招募广告，并且在推送的消息中夹杂华图教育、九如居房地产等广告。动向新闻客户端首页刊登中国移动广告。《山西日报》新闻客户端首页刊登领取清润饮品的广告。

当然，也有很多省级党报新闻客户端通过"我要上封面"等活动来吸引流量，提升用户的活跃度。其中就有海南日报新闻客户端和在河北＋新闻客户端（如下图）。

二、内容发布坚持原创，根植本土资源

在内容方面，省级党报新闻客户端既考虑到习惯纸媒阅读的资深读者，因此配备了电子报纸，又照顾到青年人的兴趣需求以及移动端用户"短平快"的阅读需求，力求在内容选取上比传统党报活泼有趣，在内容纵深上具有主流媒体的厚度。从本省出发，为本省服务，是各个省级党报新闻客户端的宗旨。

表 2 部分省（市）自治区党报客户端标签表

客户端名称	宣传口号	新闻栏目频道
动向新闻	湖北第一新闻客户端	热推 / 湖北 / 武汉 / 天下 / 财经 / 悦读 / 娱乐 / 体育 / 军事 / 我秀
海南日报	呼吸好空气 端上好新闻	海南 / 正论 / 双创 / 官员 / 体娱 / 读图 / 视频 / 岛游 / 深读 / 乐吧 / 本土 / 校园 / 打奖 / 帮手 / 投诉
广西日报	广西第一新闻客户端	头条 / 政要 / 视窗 / 热评 / 微信 / 财经 / 社会 / 科教 / 文化 / 体育 / 东盟 / 乡村
在河北 +	在河北，爱生活	头条 / 河北 / 娱乐 / 朋友圈 / 善行
新锐大众	权威 价值 品质	山东 / 时事 / 思想 / 财经 / 生活 / 文化 / 消费 / 法治 / 问答 / 图·视
浙江新闻	浙·就是我	头条 / 时局 / 人文 / 生活 / 视觉 / 话图侠
新湖南	主流新媒体 移动新门户	湘政 / 湘财 / 湘江 / 湘人 / 湘评 / 湘品
云报	主流思想 权威资讯 大众心声	云头条、云要闻、云深读、云新谈、云周边、云民族、云家园、云旅游、云视界、云花潮
四川新闻	一手看四川	今日四川 / 党政要闻 / 城事 / 热点专题
掌中陕西	陕西资讯 尽在掌中	新闻 / 问政 / 热点 / 专题 / 本地 / 陕西要闻 / 陕西民生 / 陕西社会 / 文明陕西 / 国内资讯 / 国际时讯 / 印象陕西 / 美味陕西 / 西安警界 / 文化陕西 / 纵论三秦 / 玩转三秦 / 秦闻汇
上海观察	深度如你所期	头条 / 热点 / 时政 / 深度

　　不论是浙江新闻客户端的"浙·就是我"还是四川新闻客户端的"一手看四川"，都体现了立足本地、扎根地方的特质，而新锐大众的"权威 价值 品质"与上海观察的"深度如你所期"，则是体现了党报新闻客户端的"深度"特质。

　　除了扎根地方、深度这两个特点之外，省级党报新闻客户端还有一个特点便是原创比例较高。这得益于省级党报新闻客户端背后强大的平台资源。这里的原创有两个概念，一是整合背后报业集团的资源，报业集团自己的原创内容生产。另一个概念是 APP 自己的原创生产。对于前者来说，大部分党报新闻客户端能够达到。而第二个层次的原创，则是更高的要求，但也有一定数量的客户端朝着这个方向努力。

例如"上海观察"新闻客户端，融合了传统党报的采编资源和组织资源优势，稿件质量得到有力保证，原创和独家内容在互联网上引起了很大反响，收获了来自政府、业界以及社会的多方好评，迅速建立了以上海党政干部和公务员群体为主的核心用户群体。

"上海观察"新闻客户端相继推出了《习近平的一天》等重要稿件，该文线上传播达 1.3 亿人次。从 2015 年 4 月起，"上海观察"刊发署名为"上官学习"的专栏文章，解读习近平总书记最新讲话精神。《总书记为何用"三句话"讲好干部》《打赢政坛"治污"这场攻坚战》均取得良好反响。

三、新闻 + 服务，客户端重视整合资源，多功能嫁接

除了新闻，用户还喜欢什么样的应用？2015 年《互联网周刊》的数据显示，生活服务类客户端已占据极大市场空间，用户规模达到 7.5 亿，占移动互联网整体用户规模的 65.2%。如何在提供新闻资讯的同时，让用户体验到更好的服务，也是一些省级党报新闻客户端思考的问题。资讯 + 服务 + 地市，成了不少客户端的发展方向。

嫁接第三方增值服务功能是很多省级党报新闻客户端正在做的。通过嫁接"人事查询""水电煤缴费"等民生服务

平台，实现新闻资讯与本地化服务的有机结合。其中，"浙江新闻"客户端在 2015 年 6 月 25 日的首页显著位置推出"寻找最潮、最红、最闲的社会实践活动"，向大学生们发出邀请，主动关注大学生暑期社会实践。这条征稿信息经过客户端发布之后，得到了大学生群体的关注。这种做法同样也是将党报新闻客户端的服务对象延伸到学生群体。

地市类频道的开办，同样也是省级党报新闻客户端整合资源的表现。设立地市页卡，其实是省级党报在移动端的区域化延伸，不仅有利于省级党报新闻客户端扩大影响，也有利于吸引更多的用户。"浙江新闻"客户端已开办了全省 11 个市以及 35 个县（市区）频道。

四、创新思路，特色栏目有新意

创新思路、增添特色是许多省级党报新闻客户端的做法。最突出的表现在文风和特色栏目设置。看得出来，党报新闻客户端希望通过这些努力，迎合年轻受众的移动阅读习惯。

文风方面，省级党报客户端的文章显得更加口语化、更幽默。《海南日报》新闻客户端近期推出的"拍拍娃萌一下？瓦要上封面"活动、四川新闻客户端打造了"悬龙门阵""串串香"等栏目，单从活动和栏目名称命名上，"瓦""悬龙门阵"等口语化的表达就很难出现在党报文字中。在"四川新闻"客户端的"悬龙门阵"栏目中，所选取的新闻内容新奇，语言风格网络化，更能得到年轻人的热捧。例如 2015 年 9 月 29 日的《火星发现水，果然是有沟必火》、2015 年 9 月 17 日的《别人的员工福利，要看哭了》、

2015 年 9 月 14 日的《吃货们，再饿也不能吃这些！》、2015
年 9 月 7 日的《走！可去澳洲打工 + 度假啦！》等等。

在特色栏目设置上，为了区别于党报风格，各省级党报
新闻客户端都推出了独具特色的栏目。这个特色既有栏目类
型上的特色，也有类目名称上的特色。

湖北日报报业集团"动向新闻"客户端的《我秀》栏目
类似于朋友圈，每个用户都可以匿名发布自己的动态，别的
用户可以在状态下进行评论、转发、点赞好料。这个栏目的
设置在目前所有的省级党报新闻客户端中是唯一的，用户不
仅能与客户端后台互动，用户与用户之间也可以进行互动。

　　而《海南日报》客户端的《打奖》栏目则是定期发布七星彩等的开奖结果，同时也会刊发一些预测分析，为彩民打造移动端交流平台，这在所有省级党报新闻客户端中，也是独此一家。

　　"浙江新闻"客户端的《话图侠》栏目相当于可视化新闻、数据新闻、数据报告，具有原创内容、制作精美、传递常识等特点。这种形式的栏目在所有省级党报新闻客户端中并不唯一，"辽宁日报"客户端的《图解》栏目同样是用图表的形式解读新闻，但"话图侠"的名称和统一的画风使得这个栏目在所有省级党报新闻客户端中脱颖而出。

五、用户体验注重细节，界面设计丰富多彩

1. 交互设计——统一化

现有的党报新闻客户端的操作流程主要有三种不同形式。

一种形式是以《北京日报》客户端"魔法报纸"为例的简洁方便型。

从以上图片中可以看出，一方面，《北京日报》新闻客户端"魔法报纸"的阅读需要纸质报纸，这一块针对纸质报纸用户。另一方面，电子报的阅读同样简便。"版面切换只

需单指左右滑动，上下滑动浏览更多信息"，这样的交互设计使用自然思维而非程序思维，更加人性化。

另一种形式是大部分党报新闻客户端都采用的交互设计模式，即"标题区（头条、新闻等栏目区）+ 热点区（以滚动图片为主）+ 单条新闻区"的标准化设计模式。功能区（新闻、服务、资讯等功能）的设置通常集中在页面底部，例如"浙江新闻"客户端，或者左侧，例如"四川新闻"客户端。登录按钮也通常安排在功能区或者标题区。这样的交互设计形式遵循大部分用户的操作习惯，简单易用。

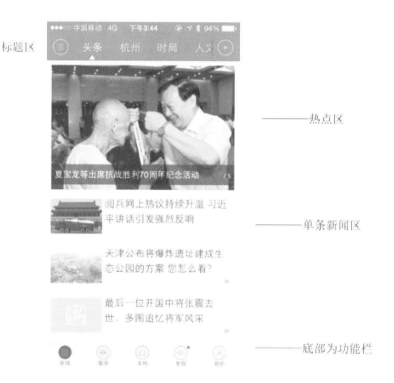

最后一种形式是"上海观察"新闻客户端的形式。即："标题 + 大图"的方式。

　　除了操作流程简洁，各省级党报新闻客户端交互形式也比较统一。下图分别为"上海观察"客户端的提示和"新锐大众"客户端的提示，基本上各党报新闻客户端都是属于这样的交互形式。即"左右滑动换栏目，手势缩小放大字体"。

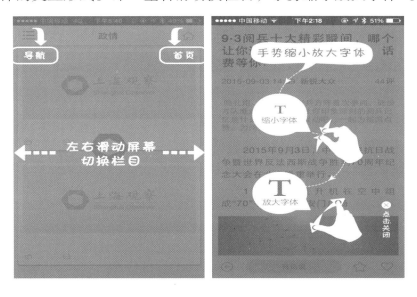

而在反馈互动方面,"评论 + 点赞 + 转发"也成为各个省级党报新闻客户端的标配。例如下图的"上海观察"客户端与"浙江新闻"客户端。

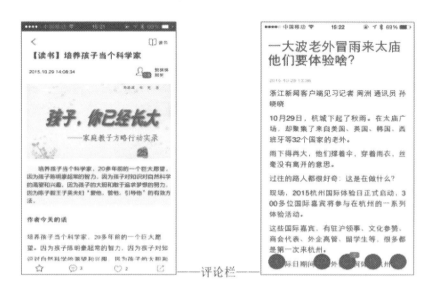

同时,在订阅栏目这块,操作也十分简洁。也正是操作简洁、形式统一的交互设计特点,使得省级党报客户端在使用上更加符合用户需求。例如下图的浙江新闻客户端。

2. 界面设计——多样化

在交互设计方面，各省级党报新闻客户端的形式比较统一。而在界面设计上，各省级党报新闻客户端可发挥的地方则多一些，因此设计的风格显示为多样化。

从客户端 UI 上看，各党报新闻客户端的 UI 基本以文字为主，配色则以红色为主。

从上图不难看出，"吉林日报"新闻客户端和"在河北 +"新闻客户端将本省的地图作为图标的背景，来展现地方特色；"四川新闻"客户端则是使用大熊猫作为吉祥物和特色，既让人印象深刻，又显得十分亲近；因为党报特有的风格，各省级党报新闻客户端中的字体也大多与本省日报抬头相同，大多为毛泽东字体，这同时也是省级党报新闻客户端区别于其他新闻客户端的不同处之一。

第二节　省级党报新闻客户端问题及对策

一、同质化现象慢慢凸显

2010 年 10 月，腾讯新闻客户端的第一个版本在苹果商店上架，是国内最早推出客户端产品的新闻门户之一。相比腾讯、搜狐等新闻客户端，各省级党报新闻客户端的上线普遍晚了四到五年时间，对新媒体性质和技术的理解也各有高低，因而不少客户端存在"互相模仿"，自我创新能力较弱的情况。

打开客户端首页，不少设计都是一样的红色背景，一样的白色毛体，有的甚至在背景的色彩层次变化上都十分相近。

除了客户端首页和客户端新闻页面布局，各省级党报新闻客户端在新闻内容的选择和角度上更是免不了同质化的趋势。

同质化现象之所以出现，一方面源于对新闻事件思考的不深入，另一方面可能也因为省级党报新闻客户端人手偏紧，运营能力有限，很多新闻素材及图片靠直接转载、复制粘贴，原创动力的不足，更加剧了同质化现象。如"辽宁日报"新闻客户端《图解》栏目，截至2015年9月23日，共发表101期，其中原创十一则，原创率仅为10%。其余作品多转自中国新闻网视觉中心、新华网数据新闻部、央广网新闻中心、人民网图解中心。原创比例不高，制作水平也仍有提升的空间。

二、新闻内容选择，孰取孰舍？

能提供差异化有竞争力的内容，应该是媒体立身之本，也是党报新闻客户端吸引那些报纸读者同时使用 APP 的重要理由之一。"上海观察"宣布"90% 内容与报纸不重合"。承诺在客户端上，不仅可以开拓眼界、增加洞察力，甚至可以通过这些最接近高层官员的探子，打听到不可能印刷成白纸黑字的谈资，"消息人人都知道，但消息背后的道道，未必人人都知道"，这是"上海观察"新闻客户端打的旗号。

然而仍有部分省级党报新闻客户端可能限于运营力量，走的还是"把报纸内容搬到手机上"的老路子，忽视了用户的阅读体验和阅读偏好。

更值得注意的问题是，目前各客户端对长篇稿件如何在手机上呈现还缺乏精细化的操作，对读者在什么场景下使用客户端还缺乏清晰的了解。移动阅读时代，"短平快"式的影像阅读是主流，但省级党报的特性决定了整版的深度报道必不可少。除非特别精彩的稿件，在手机上，两三千字的报道尚可一读，五六千字的报道，用户会不会读？会怎么读？对这个问题，客户端的运营者似乎仍然缺乏深入的探求。

比如某新闻客户端在 2015 年 11 月 2 日推出了一篇头条文章《千家峒，永不消逝的瑶族精神家园》，文章来源于当天日报上的深读版，为一个整版，大约 5000 字的篇幅。这篇 5000 字报道，基本原样不动地被放在了客户端的头条。

这样的阅读体验肯定有值得改进的地方。

从笔者对国内部分省级党报的调研看，各个党报集团对新闻客户端项目的理解和认识存在一定的差异。受 2015 年报业经济普遍下滑，客户端的商业模式依旧没有较大突破等因素的影响，不少党报集团对新闻客户端的投入有限。这也造成了党报客户端人力严重不足，发展资源有限，只能依靠整合为主的尴尬局面。

三、对策与展望

2011 年，美国著名风险投资合伙人约翰·杜尔提出了一个名词叫"所罗门"——"SoLoMo"，即 Social（社交）、Local（本地化）、Mobile（移动），全称"社交本地化移动"。他认为这是未来媒体的发展方向。最新的媒体研究表明，"多屏化、移动化、社交化和场景化"或将成为未来信息消费趋势。毫无疑问，对于区域媒体来说，本地化是最基本的生存策略。而社交化、移动化与场景化则是我们需要研究的新闻消费的新特点。

笔者认为，促进省级党报新闻客户端发展的关键词也离不开"新闻性""服务性""社交化""本地化"。

1. 深耕地方，充分贴近用户生活圈

2015 年，浙江日报报业集团启动分社改革，把所有的日报地方记者站改革为直属集团的分社，为浙江新闻客户端的地方化运营提供组织保证。作为浙报集团的媒体融合之道，"新闻 + 服务"的理念一直备受推崇。"浙江新闻"客户端更是这一理念的先行者和探索者。他们把本土化细分为本土化新闻和本土化服务。在新闻层面，"浙江新闻"客户端进一步加强本地新闻内容建设，丰富地方新闻频道，将本地新闻交给地方分社运营，让本地新闻更接地气。在服务方面，"浙江新闻"客户端开展了许多与地级市合作的活动，例如结合衢州建市 30 周年与衢州市联合发起的"点赞我的家乡"活动，和各县市联合策划运作的"最美老家上封面"活动也很受关注。甚至在客户端页面，推送各地区风景美照也是常例。

2. 创新思路，坚持专业的新闻传播和制作水平

媒体的立身之本还在于创新思路，坚持专业的新闻价值判断，坚持专业的新闻传播制作，仍是新媒体创立品牌形象的不二法门。

在 2015 年大阅兵期间，"上海观察"新闻客户端用专业化的特殊视角去报道抗战胜利纪念日大阅兵，这种不同于流俗，坚持理性、客观关注真问题的价值判断才是省级党报新闻客户端应该持有的。

3. 更好地研究用户，强调开放分享

网络的粉丝经济，开放分享的特质，以用户为中心的互联网思维……虽然这些理念在理论上都有足够多的阐释，但是真正落到实处却并非易事。目前，党报新闻客户端的骨干力量基本都是由传统报人转换轨道形成的采编队伍，对单向度传播印迹较深的党报来说，对新媒体的理解和运用都有一个二次转化的过程。传媒内部的组织文化也有一个更新交替的过程。这些都或多或少地阻碍了党报新闻客户端把新媒体传播优势最大化，需要时间去进行深化理解和学习。

　　从新近的传媒格局看,新闻客户端正成为一个竞争空前激烈、资本纷纷进入的新"红海"。除了传统意义上的国家队,还有腾讯、网易、搜狐、今日头条、凤凰、澎湃、上游、并读、无界等,群雄并起。党报新闻客户端如何在激烈的竞争中发展壮大,抢占互联网尤其是移动互联网的舆论阵地,确实还需要更好地运用互联网思维,集聚用户,提高内容建设和运营水平。

第三节　省级党报新闻客户端案例分析

案例一:解放日报

上海观察

　　上海观察客户端拥有《解放日报》版面、电子书等功能。下分首页、政情、城事、风云、文史、经济、舆情、海外、快讯、读书、活动等模块。

9 月 25 日推送总数	推送内容
18 篇	【活动】政务微信观察榜第 52 期 习大大互联网朋友圈 美加朝圣人群发生踩踏事故 习大大访美提到哪些"新书单" 牛市前后的上市公司业绩周期特征 【读书】斯科特临死时的信 减免份子钱：出租车市场改革先声 解看海之困：让城市成"海绵体" 逝者——回忆张仲礼：他从不坐公务舱 现场：优雅的习近平 美国强制遣返贪污贿赂嫌犯邝婉芳 体育总局原副局长肖天被开除党籍 习近平美国见 30 多位企业家，聊啥 一包进口奶粉的自贸之旅 统战部长为何"入常" 从《华尔街日报》看习近平访美意义 《暗杀》离抗日神剧有多远 中美新型大国关系有望更上一层楼

"上海观察"于 2013 年 12 月 10 日试运行，2014 年 1 月 1 日正式上线。"上海观察"紧紧围绕事关上海发展的重大问题、焦点话题提供有价值的分析、评述、观点和讨论，讲好上海故事，传递权威声音，通过议题设置和深挖内容，赢得了广大读者和业内人士的肯定。截至 2015 年 7 月，"上海观察"APP 下载量约为 80 万，收费用户达 26.5 万，微信公众号粉丝数上升到 6 万。

"上海观察"融合了传统党报的采编资源和组织资源优势，稿件质量得到有力保证，原创和独家内容在互联网上引起了很大反响，收获了来自政府、业界以及社会的多方好评，迅速建立了以上海党政干部和公务员群体为主的核心用户群体。

"上海观察"的内容特色和核心用户群体，是其他不具备党报资源的互联网产品所无法复制的。《解放日报》的资源和品牌保证了"上海观察"的特色与成功，而"上海观察"所产生的影响力尤其是在互联网界的口碑，又反哺了《解放日报》的影响力和品牌价值，成为党报提升互联网话语权的有力武器。

上线以来，"上海观察"达成了预期的影响力目标，确立了独特的核心用户群体，收获了良好的互联网口碑，培养锻炼了一支以报纸采编人员为主的互联网产品内容和运营团队，汇聚了一批社会上的高质量作者群体，并在不断探索多元化的党报新媒体推广方式。

创新时政类报道

"上海观察"上线以来，相继推出了《习近平的一天》等重要稿件，该文线上传播达 1.3 亿人次。从 2015 年 4 月起，"上海观察"刊发署名为"上官学习"的专栏文章，解读习近平总书记最新讲话精神。《总书记为何用"三句话"讲好干部》《打赢政坛"治污"这场攻坚战》均取得良好反响。

作为扎根本地的深度媒体，对上海市委书记韩正的"观察"必不可少。"韩正一周"是"上海观察"中"政情"栏目的拳头产品，利用报社资源，"韩正一周"从韩正在各类场合的"语录"入手，剖析韩正讲话的深意,《这一年，韩正敲过的"麻栗子"》《理解韩正全会讲话：天·地·人》等文章都是党报新媒体创新时政报道模式、改进报道表达方式的积极探索，力争在上海的时政新闻报道领域做到最快、最深、最权威。

做深做透上海新闻

2014 年 12 月，"上海观察"开设了"一号聚焦"栏目，及时转载《解放日报》20 多篇相关稿件；推出 12 篇原创稿件，及时回应目标读者公务员的诉求；尝试多种传播手段，《十组关键词读懂一号课题》一文，在微信上取得 10 万多的阅读量。

围绕上海建设全球科技创新中心的话题，推出了 20 余篇关于上海创业氛围的系列讨论文章，作者来自创业者、官员、投资人等各种群体。其中《查立：最怕运动式创业》一文积极反映了上海在营造创业氛围上的新举措、新变化，被多家媒体转载。

打造报网融合新平台

每天，"上海观察"的值班编辑都会做好《解放日报》精彩内容的推荐，这是检验报纸稿件反响的又一重要平台。例如转载的《鲍鹏山：知识是力量，良知才是方向》一文，仅客户端的阅读量就达到 25 万。特稿《刘翔这十一年》"上海观察"阅读量达 5 万。

同时，"上海观察"也培养锻炼了一支新媒体运作队伍。以数字技术为代表的信息网络技术的快速发展，对党报的队伍建设也提出了更高的要求。这一年半以来，"上海观察"不仅从纸媒迁移读者、吸附新的读者群体；还以新的内容平台为牵引，实现了党报采编团队内容生产观念与方式的转型。

"上海观察"团队

"上海观察"培养了一批统筹大局、把握大势、勇于担当，又掌握新媒体技术、了解互联网传播规律的复合型人才。目前，团队中的 80 后、90 后已占 90%。

此外，作者队伍已达到 200 多人。《解放日报》的所有编辑记者均为"上海观察"供稿，社外作者分别来自上海、北京、香港等地的媒体、高校和研究机构，还有 20 多名海外作者。

探索多元推广方式

《解放日报》新媒体中心成立后，组建了运营团队，不断探索党报新媒体的产品运营模式与机制。用好线上线下"两个平台"，做到自有平台有亮点，外部成熟平台有助力，力求提高"上海观察"的影响力。

通过"今日头条"全面导流。2015 年 4 月 15 日，"上海观察"入驻"今日头条"APP，授权"今日头条"刊载"上海观察"的稿件，但稿件页的流量均跳转回"上海观察"。该合作将进一步扩大"上海观察"在互联网的影响力，并带来流量的实际增长。6 月 4 日刊发的原创文章《没了事业编，事业单位还有人去吗》，24 小时内 PV 达 33 万。

"上海观察"全面音频化。2015 年 4 月 14 日，"上海观察"社区成功登陆上海广播电台"阿基米德"平台。由"上海观察"主编和编辑们共同录制的 15 分钟优质新闻评论类内容通过"阿基米德"平台播出，实现了"上海观察"内容的音频化。此后，"上海观察"又与"蜻蜓 FM"和"喜马拉雅 FM"对接，开设音频栏目，进行社区互动，扩大"上海观察"音频内容的覆盖面。

版权合作全面铺开。为了尊重内容生产，保护原创，抵制非法转载与抄袭成风的现象，"上海观察"从 2014 年开始就牵头发起了缔结微信公号转载公约的号召，要求加入《微信公号转载公约》的微信公号必须遵守转载注明内容出处等一系列维护原创的条约。此号召一经微信朋友圈、各种微信群发起后，迅速得到了积极响应。

2015 年 4 月起,"上海观察"还加强了新媒体平台的内容维权。一方面由运营人员和几大商业网站进行版权谈判,另一方面,专门组建了"版权法务小组",针对"上海观察"和《解放日报》的热门文章被抄袭的情况,与一批微信公号进行版权谈判。目前已与十多个微信号达成合作意向,并签署了意向书。

"上海观察"实体书面世。今年,"上海观察"与"赞赏"出版合作,通过互联网众筹的方式,将 2014 年"上海观察"的所有精华文章集结成"风云""钩沉""世态""政局"四本书。

举办政务新媒体论坛。2014 年 12 月,"上海观察"举办了一次上海政务新媒体论坛,邀请沪上政务新媒体运营者与融合媒体运营者,共论政府如何用好新媒体、新平台,为市民、为受众提供更好的服务,促进上海政务事业的发展。论坛公布了 2014 上海政务新媒体影响力十强。

送新媒体课程进区县。2016 年,"上海观察"继续探索上海政务类新媒体的创新变革,与上海各区县宣传部联合举办"政务新媒体沙龙",迄今已在松江区、金山区举办"送课进区县",回馈"上海观察"的主力阅读群体,一起探讨政府如何利用政务新媒体,为民众提供更好的服务。

开办"上海观察"读者沙龙。读者沙龙是"上海观察"线下活动的传统内容,上线后已举办多次。读者们在沙龙中畅所欲言,从内容生产、图片选用、界面设计到产品体验等各方面建言献策,对完善产品、提升服务起到了重要的提示作用。

2015 年 10 月,"上海观察"推出三期更新版本。"上海

观察"认为，要进一步做好与党报资源的融合发展，一方面
深耕内容，进一步做精做透，体现内容特色优势；另一方面
通过符合内容定位和用户定位的线上推广、线下活动，牢牢
抓住"上海观察"的核心用户群体，同时进一步拓展、覆盖
其他的潜在用户群体，做大做强"上海观察"。

案例二：浙江新闻

　　浙江新闻客户端以浙报集团旗下各媒体的内容资源为依
托，24 小时提供新闻资讯，重大新闻实时推送。浙江新闻
的个性化订阅，通过顶部的"管理频道"和"订阅"完成，

用户在"头条""时局""人文""生活""视觉""话图侠"等频道中选择保留或删除频道；同时在订阅栏目中，选择感兴趣的新闻栏目，可供选择的新闻栏目已超过 30 个。

为了解决本地用户生活中的各种需求，浙江新闻客户端 3.0 版本重点打造"服务"频道，针对用户就医、出行、生活等提供全方位服务，其中"淘志愿""医学报告""水电煤缴费"等服务项目实用又便捷，贴近用户生活。

栏目：

头条：客户端精华内容所在。24 小时不间断滚动提供政经要闻、地市大事、文体民生资讯。其中上部"焦点图"位置，凝聚最精华的新闻、最有趣的活动。

地市新闻：本地新闻版块。涵盖浙江省 11 个地市，贴近你我，聚焦当地。包含杭州、宁波、温州、嘉兴、湖州、绍兴、金华、衢州、舟山、台州、丽水。

时局：深度解读版块。名家荟萃，智慧解读时局、政策，体现浙江态度。

人文：如果你的生活中不能缺少人文情怀，这里是你最好的伙伴。

生活：生活的点点滴滴，只为内心温暖的你。

视觉：图集形式集中展示生动的视觉新闻。

话图侠：新媒体时代明星，可视化新闻解读重大新闻、中心工作，简单有趣读新闻。

订阅：自由定制自己最关注的内容。

服务频道：接入近三十项政务服务、便民服务功能。"我要挂号"方便全省用户进行主要省（市）级医院的预约挂号，"违章查询"可查询全国范围内的车辆违章信息，"公积金"

查询功能可以查询全国主要省市地区的公积金信息，还可以缴纳水电气费、为手机充值、查询单位个人的信用信息、查询浙江旅游景点并在线购票。还有其他一系列实用的服务功能。

本地频道：各地市在浙江新闻上的主页，提供当地天气、便民服务项目和丰富咨询。

发现频道：每日最值得关注的新闻和活动。

我的：个人中心所在，一键查收个人通知、个人收藏、更改设置。

侧边栏频道：《浙江日报》电子版、政情讯息、专题频道、丰富活动等。

一、打造可视化的"浙江新闻"

新媒体内容创新方面，"浙江新闻"以新闻可视化的新方式解读新闻，让枯燥的政策、数据变得轻松活泼。可视化强调了用户体验，取得了良好的反响，可视化新闻的用户点击量也十分庞大。主要是从四个方面展现：

梳理解读重要信息。比如2015年6月初，正值《习近平关于全面深化改革论述摘编》出版，各大媒体网站纷纷展开内容策划的"竞技"。"浙江新闻"通过对习近平谈改革热点进行重点消化后形成了三篇风格独特的可视化报道：《人民利益篇：拿什么献给你》《硬骨头篇：偏向虎山行》《方法论篇：蹄疾而步稳》。

阐释政策法规。通过漫画图表等可视化手段解读政府的中心工作。如提振信心系列特别报道之三《一座农场的淘宝化改造》，通过简单的信息图表，轻松直观地介绍农场和互联网的完美结合。

图解重大新闻。在大运河申遗成功期间,提前准备,仔细收集和调查了大运河的相关资料,事先绘制相关主题稿件。在申遗成功消息传来的同时,结合最新消息推出了视觉报道。

趣味生活常识。通过漫画、图标来述说生活常识,提高趣味性。比如《春耕十八式》,向读者述说农业常识。

二、打造定位精准的"浙江时局"

"浙江新闻"中"时局"等栏目,体现了主流价值,精准满足了浙江省 180 万公务员以及省内外关心浙江时政经济的群体。"浙江时局"是一个定位高端、以时政类深度报道和评论为主的栏目。主要就浙江当下时政经济领域的热点话题进行策划和约稿。目前已与省级相关研究机构(省社科院、浙江大学管理学院、浙江省规划研究院、省政研室等浙江权威学术研究单位)形成战略合作,并与省财政厅、省发改委等建立内容信息共享的初步合作关系。以品牌栏目"经济四人谈"为例,这四位专家分别是省政府咨询委员会学术委员会副主任刘亭、浙江省金融办副主任包纯田、浙江省发改委副巡视员谢晓波、浙江大学管理学院院长吴晓波。2014年 4 月,针对《富贵门》等微信公众号对比苏浙模式并质疑浙江速度时,"时局"栏目第一时间发布的省政研室副主任应雄撰写的《万字雄文再论苏浙之争》,极大增强了"浙江新闻"客户端的影响力。

三、嫁接第三方,增值服务功能

通过嫁接"教我烧菜""我要挂号"等民生服务平台,实现新闻资讯与本地化服务的有机结合。除了这两个平台,2015 年 6 月 25 日,"浙江新闻"在首页显著位置推出"寻找最潮、最红、最闲的社会实践活动"，向大学生们发出邀请，主动关注大学生暑期社会实践。这条征稿信息经过客户端发布之后，得到了大学生群体的关注。

四、应景游戏，给用户多元化的选择

世界杯期间开发的"世界杯知识竞赛"活动，仅上线一周，就成为"浙江新闻"最热门的频道之一。

案例三：新湖南

"新湖南"客户端使用"新湖南"命名，源自毛泽东1949 年首次题写的"新湖南报"报头，标志着湖南日报社在移动互联网时代的传承、创造和开拓。客户端与全省 14 家市州党报签订了战略合作协议，在强化主流舆论阵地，突出新闻资讯服务的同时，设置了"湘政""湘财""湘江""湘人""湘评""湘品"等多个湖南特色鲜明的频道，全面宣传全省经济、政治、文化、社会、生态五大文明建设，为"四化两型""四个湖南"建设传播正能量。

板块	小板块	小板块下的栏目
新闻	湘政	10 号楼 / 风向标 / 湘伴 / 人事任免 / 新闻 6 点 / 湖南廉政 / 市州联播 / 高层动态
	湘财	财经要闻 / 楼市车市 / 游走湖南 / 湖南产业 / 财迷 / 湖吃湖喝 / 湘股播报 / 百姓创意 / 大咖说 / 生活经 / 友阿特品汇
	湘江	悦读 / 发现湖南 / 书画天地 / 旧闻新读 / 湖湘县志 / 小湘漫谈
	湘评	社论 / 湘江评论 / 湖南好声音
	湘影	
	湘人	青春 8090/ 湖湘汇 / 湖南好人 / 湘创客 / 湘人在他乡 / 湖湘名人录
	湘品	
	湖南	
读报	版面 / 目录 / 往期	
服务	查 / 行 / 住 / 食 / 更多	
发现	生活	湖湘文化地理 / 友阿特品汇 /51job/ 乡村旅行
	活动	我们的新湖南 / 校花校草
	视听	喜马拉雅 FM / 荔枝 FM
	政务	三湘风纪 / 湖南微政务 / 湖南检察 / 湖南高速公路

附录：部分省市自治区党报新闻客户端宣传界面集锦

北京日报

海南日报

广西日报　　　　　　辽宁日报

吉林日报

福建日报

青海日报

山西日报

新湖南

新锐大众

浙江新闻

参考文献

[1] 蒋祖烜,《长于发声 敢于发声 善于发声——湖南日报运用新媒体引导热点敏感问题的探索与实践 [J]》,《新闻战线》, 2015, 01: 23-25.

[2]《动向新闻客户端: 打造党报权威信息新平台 [J]》,《新闻前哨》, 2015, 03: 8.

[3] 郭炉,《省级党报客户端运营情况调查 [J]》,《青年记者》, 2015, 18: 11-12.

[4] 张春红,《探究党报制作 APP 提升传播力的路径 [J]》,《记者摇篮》, 2015, 10: 41-42.

[5] 樊娟,《媒介技术视域下〈广西日报〉的改革创新研究 [D]》,《广西大学》, 2014.

[6] 周凯、张耀钟,《混沌与竞争: 国内广电系统 APP 客户端的发展现状与对策 [J]》,《南方电视学刊》, 2015, 04: 7-11.

[7] 马笑虹,《"上海观察": 探路报网融合 [J]》,《中国报业》, 2014, 11: 22-23.

[8] 檀梅、毛传来、余列平,《赛跑的人——"浙江新闻"深耕地方的探索与思考 [J]》,《新闻战线》, 2015, 09: 15-17.

[9] 搜狐新闻客户端 UED 团队,《设计之下: 搜狐新闻客户端的用户体验设计 [M]》, 北京: 电子工业出版社, 2014.

[10] 薛怡,《浙就是我, 掌握"浙"里好办事——浙江新闻客户端"新闻＋服务"实践之路 [J]》,《传媒评论》, 2015, 10: 43-46.

[11] 辽宁日报新闻客户端概况 http://news.lnd.com.cn/htm/2015-06/15/content_4270672.htm

[12] 上海观察: 阅读上海的最新选择 http://news.xinhuanet.com/zgjx/2015-08/12/c_134506422.htm

[13] 新锐大众客户端上线报纸＋客户端, 此长彼长 http://www.dzwww.com/shandong/sdnews/201507/t20150717_12719716.htm

第六章
媒介技术的变革与采编流程的再造（上）
——"中央厨房"

第一节　"中央厨房"的由来及在中国的早期发展

一、"中央厨房"的由来

按照美国学者安德鲁·纳齐森的说法，全媒体，就是"印刷的、音频的、视频的、互动性数字媒体组织之间的战略的、操作的、文化的联盟"，本质是各媒介之间的交错合纵。

作为全媒体的策略之一，"中央厨房"的目的是要打破媒体集团内部各子媒之间的藩篱，使新闻信息资源价值最大化。这个概念借用自餐饮行业，原指餐饮行业中统一采购、统一配送、标准化生产的大厨房模式，其优点是通过集中采购、集约生产以降低成本。

陈国权在题为《四问报业"中央厨房"》一文中提到，"中央厨房"的理论来源于道琼斯公司新闻实践过程中的"波纹理论"。这个理论最早来源于物理学的"波纹效应"理论，随后，由心理学家科宁、根普和里安等人引入心理学界，用于描述教师粗暴对待学生激起的一波波反抗。具体到新闻界，这个理论是将新闻事件比作投入水中的石块，把各媒体对新闻事件的处理当成水的层层波纹。意即虽然媒体报道新闻的方式和时间不同，但是他们都来自同一个事件。道琼斯将这个理论具体化为一个新闻流程：新闻必须先进入道琼斯通讯社，由通讯社向外提供信息。之后由华尔街日报新闻网站、道琼斯和 GE 合资的 CNBC 电视台、道琼斯广播电台等按照自己媒体的属性对新闻进行再加工，然后，再由《华尔街日报》报道事件的细节，再之后交由《SmartMoney》等杂志对事件进行深度报道与分析。最后，将报道收集到的资料收入道琼斯和路透合资的 Factiva 商业资讯数据库，供收费用户检索。

道琼斯 20 世纪 90 年代开始实施的这一策略，为媒介经济的研究树立了一个典型案例。作为一个以实证主义为自己信条的国家，美国在商业上的成就举世瞩目。媒介经营与管理作为商业社会的一部分，也十分发达。2003 年，麻省理工学院教授亨利·詹金斯首次提出跨媒体叙事概念。这个概念主张在内容生产和传播过程中，充分考虑受众在不同媒介平台（如电视、出版、电影、游戏）的内容体验需求，围绕一个统一的世界观，在不同的媒介平台上展开相互独立，但逻辑上高度关联的故事主线，使得角色更加丰满、立体。为了充分阐释这一概念，亨利·詹金斯在自己的著作《融合文化》以及其后的诸多论文中，用案例分析的方式一遍遍地验证了这个概念在媒介经营过程中的有用性。在随后的几年里，这个概念在各国得到传播。中国在 2008 年左右引入这一概念。在学术研究方面，跨媒体叙事的概念在 2013 年左右成为论文发表过程中的一个热词。目前，这个概念已经是全球媒介经营、主题策划等领域十分流行的词汇。

跨媒体叙事概念的提出，延伸了"波纹效应"理论在新闻界的应用。有了这个理论，新闻学界以及新闻从业人员可以从策略及操作层面研究跨媒介合作。"中央厨房"策略在这两个理论的实践过程中积累了十分积极的实务经验以及理论依据。

二、"中央厨房"在中国

中国新闻界在新千年开始借用"中央厨房"这个概念。2000 年，台湾《中国时报》宣布，他们将对采编系统进行改革，建立起新闻数据库。具体的做法是，首先在网站上登载这些采集到的新闻，以快讯形式进行传播。然后，再按重要程度确定新闻篇幅长短，在报纸上刊登。这种举措在当时的新闻界引起不少关注。

但是，对于当时的媒体来说，互联网还只是个新鲜事物。媒体虽然预见到互联网对新闻业会有影响，但普遍低估了这个新生平台深入社会的迅猛程度，以及它对大众造成的影响力。新媒体方面，搜狐、新浪以及之后出现的网易等网站虽然影响力较大，但是采编能力与传统纸媒相比还很低。大众从小培养起来的看报习惯也不会朝夕之间就被改变。因此，台湾中国时报的经验虽然引起新闻界的讨论，但是并没有激起传统媒体改革的决心。直到六年以后，中国的各大媒体才开始真切地感受到来自互联网世界的冲击。首先行动起来的是各电视台。比如大连电视台、CSPN（中国电视体育联播平台)等，先后于 2006 年到 2010 年这段时间采用"中央厨房"式采编系统。

三、初试锋芒的烟台日报

中国大陆纸媒开始尝试采用"中央厨房"采编系统是从 2008 年开始。第一家采用这一系统的是《烟台日报》。2008 年 3 月,《烟台日报》首先宣布组建"全媒体新闻中心"，采用集团研发的"全媒体数字复合出版系统"，目的是要"从集团层面再造采编流程，并实现内容集约化制作"①。有了技术的支撑，集团决定打通《烟台日报》、《烟台晚报》、今晨 6 点、DM 直投广告、创意策划及新媒体的建制，将所有记者采集到的新闻内容，包含文字、图片、音频和视频等素材统一整理，纳入全媒体数据库，由编辑进行再加工，使之成为新闻半成品，最后由各媒体各取所需，依照自身媒体的属性对这些新闻半成品进行深加工，以生产出各种形态的终端产品。这种改革，是在观念上将采写与传播放在了同等重要的位置，并考虑到了各种媒介形态的属性。

虽然《烟台日报》传媒集团的改革受到传媒同行的关注，他们的模式在学理层面也被当作典型个案来研究，但是当时信息碎片化和网络社交化的程度远远不及今天这么深。

四、各级党报集团的"中央厨房"改革

在互联网的发展深刻改变媒介环境的同时，中国的媒体格局和舆论生态也发生了很大改变。

---

① 纪会卿,《四次实战演练再造采编流程——烟台日报传媒集团筹备全媒体新闻中心经验总结之实验篇》, 中国传媒科技, 2009（1）。

2013 年，在政府和新闻界的双重推动下，"中央厨房"的相关讨论再度兴起。2013 年到 2014 年上半年，新闻界和新闻学界召开了诸多以"媒介融合"为主题的会议。很多学者及新闻界人士都提到"中央厨房"式采编的可能性。这些讨论的结果在 2014 年下半年被各媒体付诸于实践。2014 年 10 月 30 日，成都传媒集团数字采编中心正式运营。12 月 1 日广州日报成立"中央编辑部"。2015 年 3 月，《人民日报》、《南方日报》先后启动"中央厨房"报道两会专题，《人民日报》还专门打出口号"中央厨房烹制新闻美味"。7 月，新华社"中央厨房"式新型全媒体采编发空间揭幕。半年多时间，从各地方燃起的纸媒"中央厨房"改革火焰席卷整个中国报业。不管是中央的还是省市的党报集团，都陆续开始探索"中央厨房"式的采编系统。

第二节　"中央厨房"的两种策略

一、全面"中央厨房"策略

全面"中央厨房"策略：即面向整个集团进行的"中央厨房"改革。

全面"中央厨房"策略的实施要求媒体集团有彻底改革的决心。广州日报、重庆日报等是较早实行全面中央厨房策略的地方党报。

1.广州日报的中央编辑部制度

2014 年 12 月 1 日，《广州日报》创刊 62 周年当天，头版大标题隆重刊登文章《〈广州日报〉中央编辑部正式运作》。《广州日报》正式改制，大洋网被定位为《广州日报》的网络门户。在此之前，《广州日报》没有一个专门对应的同名网站。

大洋网的加入，使《广州日报》中央编辑部拥有了一个完备的体系。有负责纸媒的夜编中心，负责网站更新的大洋网，负责新闻App、微博、微信更新的全媒体中心，独立的音视频部及数字新闻实验室。集团打算依靠中央编辑部这个中枢，搭建出跨越纸媒和新媒体的新闻统筹平台，把新闻生产带入"滚动采集、滚动发布；统一指挥、统一把关；多元呈现、多媒传播"的融合发展新模式。

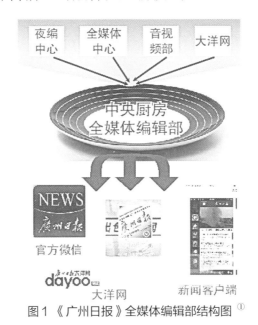

图1 《广州日报》全媒体编辑部结构图 [①]

在中国新闻出版研究院 2015 年 4 月发布的《2014 中国传媒创新报告》中，《广州日报》报业集团中央编辑部位列

[①] http://news.xinhuanet.com/zgjx/2015–03/03/c_134032694.htm

"2014 全国报刊业创新十大案例"之一。

2. 采编改革，制度先行

《广州日报》报业集团中央编辑部的成立，打通了集团内部通道。信息资源经过全媒体整合，被量体裁衣式地分配给集团内部不同的子媒体。

为了保证中央编辑部的深化和持续，集团在制度方面做了规定。

——责任到人。集团将记者在线上发表的稿件纳入考核体系。

——考核改革。如果记者同一个新闻写了两个版本的稿件，新媒体归新媒体，报纸算报纸。并且，为了配合新媒体，记者在新媒体发稿也会有一个相应的增量补贴。

——人员到位。在人员配置方面，夜编新闻中心的主任兼中央编辑部的执行总监，全媒体新闻中心主任以及大洋网总编辑都是副总监。人员从集团各个部门抽调组成。

——协作作业。经过整合，编辑部之间的隔阂被打破。依靠各部门主任之间的密切沟通，记者行动可以协同一致。中央编辑部和采访部门的主任每天有两次编前会，微信之间的沟通也很及时，尽量做到一体化运作。

——加快流程。以前报纸只有一套流程，到晚上就结束。新媒体两班倒，时间比较长。整合以后的全媒体，新闻要做到每天 24 小时滚动播出。除了有特别重大新闻，晚上也会有应急值班。新媒体从两班运作改为三班运作。

3. 一个信息，多种写法

传统纸媒的记者习惯于写规范的书面文章。网络时代，在线稿件要求信息多，字数少，样式多，并且随时要准备文字、音频和视频同步运用。

为了适应网络化写作,《广州日报》拨出专项经费用于培训,聘请中山大学、中国人民大学的新媒体教师教授如何写作新媒体稿件,力求在最短时间让记者学会碎片化信息表达方式,并能用网络语言书写新闻。通过从观念到写作全方位的培训,记者了解了新媒体的整个系统,并自然地运用新设备进行采访。有些记者的手机比较旧,为了让记者适应手机写稿发稿,他们还曾为每个记者配备当时最新型号的iPhone。

在新媒体写作培训结束后,集团采取自愿的方式,对于不适应新媒体写作的记者,允许他们继续单独为纸媒供稿。

4. 南方日报临时"中央厨房"

2015年7月,《南方传媒研究》发表《南方日报》时政部记者赵杨题为《通过流程再造实现"中央厨房"式生产》一文,介绍了《南方日报》2015年3月在全国两会报道中的一次临时"中央厨房"尝试。随后,赵杨及自己的同事又撰文《南方日报:临时"中央厨房"可行,"成建制"难》,刊登在2015年8月的《传媒评论》上,细化了临时"中央厨房"的各项改革措施。

鉴于南方报系的庞大规模,报刊之间的独立性相对而言比较高。因此,在"中央厨房"式改革过程中,《南方日报》是选择在报道重大新闻单个事件过程中尝试运用这一策略。在2015年两会报道过程中,参与临时"中央厨房"的媒体包括《南方日报》、《南方都市报》、《南方周末》、《21世纪经济报道》、《南方农村报》、《南方》杂志等纸媒,南方网、《南方日报》微博、微信公众号等新媒体。另外，还与集团旗下的 LED 联播网联手打造两会快讯，与集团旗下"南方全线通"公司联手打造"南方全线通"信息屏两会专题。将两会新闻及时生动地送达两会现场，并与代表委员紧密互动。

虽然是临时性机构，但是这种新尝试不同于以往的专题报道，它不是一做完报道就解散。南方集团认为，这个临时"中央厨房"，应该成为一种常态。即一旦有重大新闻产生，"中央厨房"随即启用。作为一种常态性机构，它的规模也比以往任何时候都要大，影响力也是空前的。

5.1+X 报道机制和六条新闻生产线

1+X 报道机制

1 表明了《南方日报》的主体地位，X 是指各系列报刊网的配合。通过共享采访资源，编辑根据各自媒体完成特色稿件，形成各媒体报道同一新闻的热新闻局面。尤其在两会报道这样的主流内容传播过程中，可以形成焦点舆论集中的场面。

六条新闻生产线

六条生产线是指《南方日报》报纸、南方网网站、《南方日报》微博、《南方日报》微信公众号、南方报业 LED 联播网以及"南方全线通"信息屏。

这六条新闻生产线既有传统媒体、新媒体，还有覆盖广东省 21 个地级市并辐射全国的 LED 联播网络，经这六条新闻生产线发布出去的信息，满足了受众对于新闻的需求，同时也容易引起社交网络上的讨论与互动。

可以说，专题性"中央厨房"发挥的最大作用就是使大量的人力物力既能有序地投入到重大战役报道中，又可以产生良好的互动。这种报道方式在互联网出现之前是不可想象的。

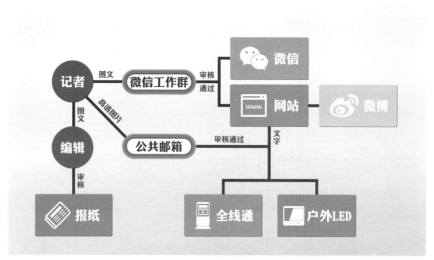

图 2 《南方日报》两会报道"中央厨房"生产线流程图 ①

第三节　地方党报"中央厨房"式改革的特点及对策

从上述几家各级党报比较典型的尝试来看，目前党报集团的"中央厨房"式采编系统有一些共同特点。

1. 需要可以存储素材的数据库

互联网的一项贡献，就是将信息转化成代码，存储到一个虚拟的空间。这种技术对新闻界的直接影响就是全球新闻稿库数据库建设突飞猛进地发展。世界各国都掀起了新闻稿件期刊的网络化高潮。到 2007 年，美国过半的期刊报纸实

---

① 赵杨，《南方日报：临时"中央厨房"可行，"成建制"难》，《传媒评论》，2015（8）。

现了网络在线阅读，数百家报纸杂志进行了全面的数字化改革。英国路透社使用的 Avid 新闻采编系统，可以将所有的子系统连接到共享存贮系统中，实现了采编工作的一体化。有些报社的新闻报纸采编办公系统还实现了高效的信息检索功能，使得作者用户和编辑部人员均能通过网络查询到所需信息，有力地支持了稿件编辑和稿件校验工作①。

2. 需要记者的多媒体素养

全媒体"中央厨房"的新闻采编系统采用的是大编辑的概念，相对于传统媒体使用传播符号的相对单一性，新媒体可以将文字、声音、图片、图表、动态图像、动画乃至视频等媒体符号综合在一个传播单元中。利用网络技术的优势，信息的各种形态、各个要素都可以得到集约化管理。这些信息在新闻生产过程中被重新组合，最终生产出可听、可看、可读的信息推送到读者面前。

3. 需要突破机构之间的藩篱

"中央厨房"式的采编策略在集团内部设置一个统辖各子媒的机构，集中统筹各子媒的力量，打破各子媒之间的藩篱，建立信息共享平台来汇总新闻线索，并在第一时间由共享平台分发给相应采访部门，然后根据"抓取分派"的流程，由各媒体自行选用线索，集团的员工轨迹监控系统则会提供采编人员的具体位置，并实时安排距新闻现场最近的记者进行采访。

4. 需要科学的考评机制

"中央厨房"式的采编策略打破了传统观念，在技术和

---

① 张雅娟，《报纸采编系统的前世今生》，《传媒评论》，2015（9）。

机构设置等方面确立了全媒体思维。但是如果没有科学的考评机制,地方媒体"中央厨房"策略的效果会打折扣。

"中央厨房"模式实际上是对传统采编模式的一次重构与再造。它在组织建构、人员组成、技术支持等层面都打破了原有的框架。

如何突破组织层面的壁垒?后续发展中又需要怎样的政策支持?就国内媒体的采编流程再造来看,在短时间内不乏成功的个案,但因路径选择不当而失败的实例也并不少。正是在正反经验的总结中,并随着媒介融合的不断发展,重构后的媒体组织才可以在实践中得到进一步发展与完善。

第七章

媒介技术的变革与采编流程的再造（下）
——媒立方

第一节　媒介技术平台发展简要回顾

从 20 世纪 90 年代开始，随着网络技术的发展，国内新闻媒体领域逐步采用基于网络的管理系统和处理系统来完成日常的工作。在这一时期，电子采编系统全面实现网络化、数字化的拓展与演进，以网络编辑技术、网络信息跟踪技术、网络信息交换和发布技术、网络排版技术、采编办公自动化技术为代表的基于网络的综合管理系统，使信息的采集、编排、发送，一直到最后的输出，这些新闻生产领域的所有环节，都纳入到一套全面的网络管理系统中去，进而彻底实现无纸化办公，使传媒产业向全数字化出版和跨媒体出版迈出了关键一步。

数字化网络化的发展，在提高电子采编的效率、质量和管理的同时，也驱动了信息传播方式的革新，它昭示了一个时代的开始。

一、采编工艺数字化

在过去的印前流程中，还存在手工操作和信息闭塞等诸多问题。在数字化和网络化的应用兴起后，从输入端到输出端的整个工作流程中，流动的主要是以数字为代表的电子文档、纸基出版物和电子出版物，并通过网络与新闻生产的各个环节联系。同时随着技术的发展，以数据库为基础，形成了基于内部 ERP、数字资产管理和外部电子商务的信息资料数据库，完成了新闻信息资源的数字化沉淀。

二、信息传递数字化

随着 Internet 的兴起，由新闻媒体通过互联网发布有益社会的信息或意识形态内容，满足人们对新闻信息更加快速、全面获取的需求，是新闻信息传播方式变革的核心，成为继报纸、广播、电视之后的第四媒体。在这一阶段，随着传统媒体不断上网，Web 网页新闻、电子报纸、视频新闻、电子图书等一大批互联网新闻发布方式迅猛发展和膨胀。

三、工作流程（workflow）数字化

在传统新闻生产过程中，不规范、低效益、技术落后的流程管理亟待改进。从原稿的输入、设计制作到出版，其工艺和任务的管理都可以通过数字化的流程管理系统来实现，用计算机来帮助人们进行任务分类、修改、监控等，使系统管理人员能随时监控各个任务的完成情况，使其工艺的各个流程接口实现数字化。

随着移动互联网、社交媒体等互联网新兴技术的快速发展，人们可以更加主动、宽泛、自由地发送和接收信息，可以预见传媒产业依旧是一个蕴藏着无限潜力和智慧的行业，其未来发展之路就隐藏在不断的数字化、互联网化的浪潮中，是引领我们达到更加自由、更加自在的生存之道。

当前，各地的传统媒体根据自身的实际情况，选择了适合自身的媒体融合路径，不同的模式布局形成了不同的全媒体战略布局。就目前的实践状况来看主要有三种：

1. 延伸改良式：不改变原有的整体框架，不破坏报业的内容生产体制，在原有流程和内容体系外延伸新媒体业务，这种模式能够有效地规避市场风险，但是这种保守的改良方式不能使新媒体有效地融合到传统媒体中。

2. 整体转换式：放弃原有的报业运作体系，构建全新的全媒体运作模式，在运营理念上大胆创新，融入全媒体的思维框架，触及到了报业集团的体制机制，把各个部门打乱后注入新媒体的血液重新洗牌。这是变革最激烈、难度风险较高的一种模式。

3. 中央厨房式："中央厨房"的工作流程可概括为"一次采集，多种生成，多元传播"，将新媒体的技术应用到传统媒体中，实现不同媒介之间的有机融合，实现新闻生产流程再造，这种模式可以体现全媒体的价值，符合全媒体转型的初衷。

当前，大多数中央和地方媒体都采用中央厨房的模式，同时在转型实践中，根据自身所处环境和条件不同，呈现出更多丰富和复杂的拓展。

第二节 浙报集团的探索与实践

互联网技术对于媒介传播逻辑有哪些重大而深刻的影响？这种影响在内容、渠道、平台、经营和管理方面带来哪些本质性的变化？有没有一条更好的路径，能够进行各种媒介资源、生产要素的有效整合，最终实现适应这个时代商业模式的再造？

浙报集团通过对传统媒体和新兴媒体共同发展的积极探索，形成了对于未来传媒产业发展的指导性思想，也是浙报进行全媒体融合、一体化运营的重要支点。

具备互联网思维

当前，已经从之前的信息稀缺时代快速进入信息过载时代，在信息过载时代，就存在着信息过载与有效信息极度匮乏之间的巨大矛盾。具体表现为用户对信息的需求更加个性化、定制化和精准化，这就要求传统媒体必须从之前的面向所有用户都是一样内容的大众传播方式转变为为不同用户提供更为个性化、定制化、精准化的分众传播。其关键是要建立起基于大数据和移动互联网技术的信息智能匹配，即通过数据挖掘和分析用户的需求，进而把信息和用户个性化、定制化的信息进行智能匹配。即必须从当前单独重视内容的"内容为王"转变为重视信息智能匹配的"信息服务为王"。

媒体融合其关键是顺应用户的阅读偏好，以互联网思维，真正做到用户体验为王。即以用户需求为导向，以提升用户体验为核心，做出用户喜闻乐见的新闻产品，在潜移默化中实现舆论引导功能。

融合传播

首先，融合传播是全媒介传播时代到来的必然要求。当前，报刊、广电等传统媒体，门户网站等 WEB1.0 时代的互联网媒体，博客、微博、微信等 WEB2.0 时代的互联网媒体，尤其是随着移动互联和大数据时代的到来，各种媒介形态极为丰富且并存，碎片化、注意力分散、移动化成为全媒介传播时代的主要特点，在这种情况下，用户对全媒介传播的需求越来越强烈。尤其是在传统媒体的影响力大幅度下滑的情况下，官方微博、微信公众号毫无疑问能够有效地弥补传统媒体影响力下滑的缺损部分，这就要求传统媒体采用纸媒、网站、APP、微信、微博等多形态融合的"中央厨房"模式，构建统一采集、分类加工、集中分发的一体化工作平台。

其次，基于大数据技术开发数据新闻。一是充分利用可视化工具，使得内容表现方式更直观、更美观，更能直指重点；二是利用大数据技术，更好地挖掘信息背后的信息。

搭建大数据信息资源平台以重建用户连接

当前，传统媒体面临的最大危机是用户流失所造成的入口价值丧失，要想实现真正的融合就必须通过打造大数据信息资源平台以吸引用户，重新建立起巨型的用户连接。

首先，打造巨型的云信息服务平台。在该平台上，云集着各式各样的信息，既有文字的，又有音频和视频的，并能实现信息的分类筛选、摘编和深度加工。巨型云信息服务平台的关键是以开放的心态和手段打造开放的内容采编和分发平台，核心是实现对用户自生产内容的集成和全媒介渠道的传播。

其次，打造巨型的大数据分析和挖掘平台。在该平台上能够通过数据挖掘和分析等方式，实现对读者和受众个性化需求的准确定位和把握。能够通过技术手段低成本地实现信息和受众个性化、定制化的需求之间实现智能化匹配，并能通过各种支付手段，实现智能化信息的收费。

再次，大数据信息资源平台内涵丰富。不仅包括数据资源中心、大数据技术挖掘和分析平台，还包括信息智能匹配平台、舆情服务平台等。通过信息服务和各类服务来吸引用户注册和登陆，并运用大数据技术对用户的关系和需求进行"画像"，再把信息资源和用户个性化、精准化的需求进行智能匹配，进而形成用户沉淀的良性循环，以重建用户连接。

一、媒立方的组成以及功能阐释

浙报集团充分利用大数据和云计算技术建设"媒立方"技术平台，积极推进内容生产流程再造，并结合集团现有的新媒体矩阵，构建新媒体融合生态圈。在提升集团社会影响力和舆论引导能力的同时，同步跟进组织结构、体制机制的改革创新，为推动融合发展由"物理反应"到"化学反应"提供坚实保障和有力支撑。

其主要包括两个技术平台：一是利用大数据存储和分析技术，建设大数据平台，实现浙报集团资源整合和深度加工。建设5000万级的集团用户数据仓库：整合现有600万传统媒体读者资源和互联网平台活跃用户，进行用户数据资源共享和开发，在用户数据运行中研究挖掘其个性化需求和服务。建设专业化、规模化的内容数据仓库：加强数据新闻生产，充分挖掘海量数据背后潜藏的新闻价值，拓宽新闻来源、丰富新闻内容，为用户提供高质量的新闻信息产品。二是建设一个智能化的传播服务平台。通过优化、整合传统报刊、网站、APP、微博、微信、微网站、数字报刊等媒体形态的采编发布流程，积极探索流程再造，形成面向传播服务的智能创作、多渠道发布和立体监管的智能采编平台。并借此实现用户数据、内容数据的充分开放和分享。

媒立方旨在通过互联网和大数据技术应用实现媒体融合和创新发展，由大数据平台和传播服务平台两个"互为表里"的中心平台构成。其整体框架见下图：

媒立方整体框架示意图

二、大数据平台的相关功能

大数据平台通过对集团媒体资源、国内重要媒体数据资源和 UGC 资源的统一整合，运用先进的大数据存储计算能力、自然语言分析以及机器学习等技术，建立一个完整、专业、规范的内容资源库系统。同时，收集线上用户的阅读行为，形成基于集团用户通行证标识和基于社会用户阅读行为的用户数据库。最后基于内容资源库和用户数据库形成汇集多种智能分析服务的平台，融合在各类媒体形态的内容创作、发布、传播、评估等各个环节中。其平台架构设计见下图：

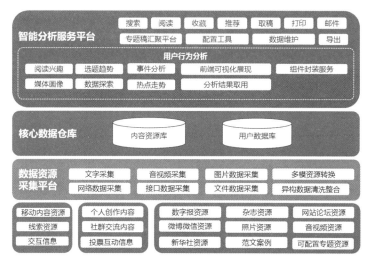

大数据平台应用架构

1. 数据资源采集平台：实现全媒体资源汇集

采用分布式采集技术，以任务调度、采集集群和解析集群相结合的方式，实现对主流媒体资源、阵地资源、历史资源、互联网资源、微博微信资源、成品资源、线索资源、素材资源、待编资源以及移动新闻客户端等的实时采集。

全网数据采集

平台能够实现对全网数据的本地化采集，如报纸内容采集、网站内容采集、博客采集、论坛采集、数字报采集、专业领域数据采集、微博采集、微信公众号采集、新闻客户端采集和人工定向智能采集。

除了通过自动化工具与技术进行全网自动化指定内容的新闻线索汇聚外，同时提供面向新闻业务人员的轻量型的指定内容自动获取工具。比如，当新闻记者或者编辑在互联网上浏览到任何可能与报社的业务相关的新闻线索或信息内容时，可以通过简单的集成工具，例如鼠标右键等，点击内容获取，直接将互联网上所指定的页面内容进行内容智能过滤，并将过滤后的内容自动进行结构化清洗，最终实现将新闻线索或信息以一键化的方式推入到报社全媒体资源库中，以此完成人工＋智能化的便捷新闻线索定向精确获取，并直接融入到报社的新闻出版业务流程中。

　　本地数据采集

　　统一数据网关主要用于整合企业各种系统中的数据，整合后的数据可以满足媒体集团用于进一步挖掘数据、发现知识的需求。主要包括从数据源中抽取数据、加工数据、存储数据，从而完成数据的再造。统一数据网关提供了对常见数据源的支持，以及多种数据处理方式，能够有效帮助用户完成数据加工。统一数据网关还具有方便、灵活、简单、易开发的扩展方式，支持用户自定义数据处理方式和扩展对新数据源的支持。

　　接口数据采集

　　对于无法开放数据库或者文件系统的数据来源，可以调用相关系统提供的采集 API 实现采集。

　　2. 内容资源仓库：实现集团内容资源深度加工与全生命周期管理

　　麦肯锡报告指出，传播与媒体业的数据量在所有行业中排名第三，是天然的可沉淀优质数据。浙报集团把各种资源集中管理，建设全媒体内容资源库，并采用大数据智能的方式来将这些资源进行知识抽取，并将资源充分使用到新闻业务各环节，使得各媒体的新闻和历史资源的价值提升。

全媒体内容资源库实现了对各种渠道不同来源的稿件和信息资源进行统一汇总管理，将多来源的本地资源和互联网资源、新媒体资源进行汇总集中使用，采用大数据管理系统将数据以多维分类的方式提供资源使用服务，通过领域分类、多维聚类、智能关联和自动专题汇聚等等多种智能化方式来将资源信息抽取为相互关联的决策知识。使用碎片化和标签化的智能技术，将所有类型的稿件知识抽取，形成媒体资源中心潜在的知识关联网络，融合管理使用全媒资源内容。

内容资源库与"媒立方"——传播服务平台、移动采编客户端等内容加工系统无缝对接，同时采用通用的开放接口和国家新闻标准中文新闻信息置标语言（CNML），可以与异构的内容编辑加工平台进行对接，实现资源的来源、管理和使用多层级的松耦合式开放架构。

全媒体内容资源库与传播服务平台的结合，使得集团能够依托数据资源中心来统一调度新闻信息的使用，指挥多渠道多媒介的融合报道。能够通过资源中心实现对集团内多个子媒使用情况的全流程监控，并实现对资源汇入、资源使用、资源发布和效果传播的全渠道可视化统计和报表服务。

全媒体内容资源库实现了媒体集团内各媒体不同类型资源的管理和共享使用，成为全集团整合、共享各种多媒体新闻信息资源的统一平台，扩大了媒体的新闻选题范围，加强了创作加工的素材资料，对于提高新闻信息利用率、降低新闻信息产品加工成本、满足新闻信息用户个性化需求，进而提高集团的核心竞争力具有重要意义。

3.用户数据库：基于用户行为数据采集与分析模型搭建，实现点对点信息推送服务

用户数据库采集来自各个渠道的用户数据，主要有：发行用户、广告客户、网站群、移动端 APP、官方微博、官方微信等的用户信息，包括用户信息数据和行为数据（用户行为数据包括匿名用户）。

通过对存储、清洗后的用户数据，采用大数据智能化技术实现用户属性的肖像刻画、行为轨迹分析、用户情感分析、智能推荐、精准广告投放和多维度的可视化统计分析。

4.智能分析服务平台：实现新闻生成流程的智能化改造

依托于大数据利器来辅助媒体实现融合转型，对媒体资源的智能化分析是必不可少的核心部分。智能分析服务平台将所有面向内容的智能化分析和面向行为的智能化分析都融合在本平台。同时，还从媒体业务应用的多个维度入手，将智能服务以组件方式封装，提供给新闻生产的产前、产中和产后各环节，形成以媒体融合转型为目标的智能服务支撑体系。

智能分析服务平台可以将浙报集团所有的信息资源进行统一分类管理和统一规范管理，通过对内容碎片化和标签化技术的整理，实现资源价值的最大化，同时还提供基于大数据的资源管理全文检索服务，并将这些智能化的服务与地图系统、数据可视化制作相结合，实现符合集团特色的一系列大数据智能分析服务，助力浙报集团加速实现新形势下的媒体融合转型。

三、传播服务平台的相关功能

传播服务平台依托于传统媒体与新媒体的多渠道融合生产模式，充分应用大数据平台项目成果，采用纸媒、网站、APP、微信、微博等多形态融合的"中央厨房"创作模式，构建统一采集、分类加工、集中分发的一体化工作平台。其平台架构设计见下图：

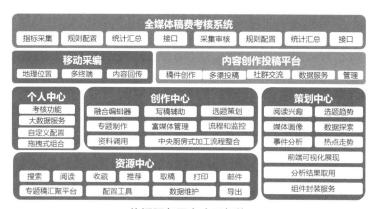

传播服务平台应用架构

1.资源中心：实现大数据内容资源共享，形成编辑协同生产模式

资源中心由资源展现、内容查询和资源服务等功能模块组成，其向下与大数据平台内容资源仓库紧密结合，向上与面向编辑业务的创作中心进行一体化的无缝对接，是编辑阅读、查询、获取内容数据、实现全媒体内容二次加工的核心，对中央厨房模式的完整实现发挥关键的桥梁和支撑作用。

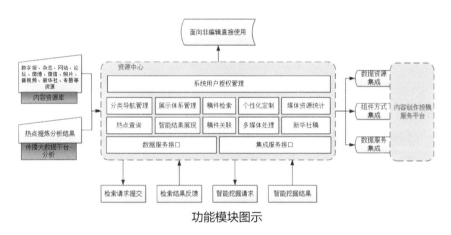

功能模块图示

资源中心将包括数字报、杂志、网站论坛、微博微信、照片素材、音视频、新华社稿件、范文案例及各类专题资源在内的各种信息资源进行分类整理、个性化配置，使其作为全媒体信息服务大厅向编辑提供服务，编辑人员可将各种资源联合编辑、融会贯通，从而实现不同来源、领域资料的协同编辑、资源共享。

资源中心平台的查询功能实现了全文检索、高级条件检索、日历检索、二次检索、模糊检索、智慧检索服务（语义检索、同义词或主题扩展检索等）。

2. 创作中心：实现"中央厨房"式的一体化生产加工流程

创作中心实现资源多元化组合加工的"中央厨房"式的流程生产模式，通过融合编辑器满足面向纸媒、网媒、移动端和新媒体的分众化编辑需求，结合大数据平台提供的组件服务，能在创作和策划过程中，实现相关内容推荐、事件分析等多种智能辅助，并实现对富媒体的管理和处理功能。通过创作中心的流程监控功能，能够实时监管整个传播服务平台的生产加工全过程，实现稿件的数字化全流程、多版本的跟踪服务，从而满足媒体融合发展转型中的流程再造需求。

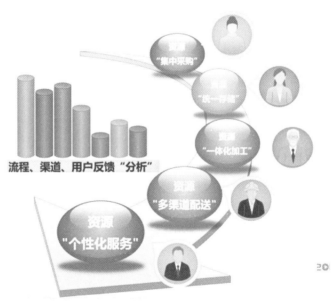

"中央厨房"生产加工流程示意图

创作中心提供了面向传统媒体、新媒体渠道的统一发布平台，新闻在创作中心完成后，可以根据发行的方向，推送到不同的渠道实现一体化的分众发布。具体涵盖纸媒、杂志、网站、APP、手机报、微信、微博、微网页、数字报、专题、数字大屏等十余种媒介渠道。同时也满足了发布管理的全部功能需求，主要包括：站群的构建和管理、APP 的创建、版本和内容管理、微博互动管理和微应用管理等功能。

创作中心同时也提供了多种写作辅助工具，如可视化新闻制作套件、音频转化文字工具等。利用轻便、无门槛的可视化新闻制作套件，能够让普通的编辑或美编人员快速制作出适应纸媒、手机、网站等各个渠道的可视化数据新闻，提升新闻吸引力和传播能力。

3. 策划中心：实现由个人经验采编向数据分析和智能辅助决策转型

策划中心是通过大数据平台所提供的应用或服务接口调用，从业务流程上将业务实现与智能分析相结合，提供诸如新闻热点分析、阅读群体分析、选题趋势、事件分析、舆论场分析等智能服务。

新闻线索发现　传播渠道推荐　关联报道分析　事件深度分析

通过对互联网数据的采集、监控，发现当下热点、发现关键词、发现事件、发现热点人物等新闻线索

平台通过选题的关键词以及用户阅读群体分析，智能选择相关内容适合推送的媒体渠道

对微博、微信、Web门户等各个渠道的新闻稿件进行匹配分析，抽取关联报道，进行舆论观点提取

自动量化事件中的各种数据（影响力、传播节点、传播趋势、网民声音等），形成图表，同时，对用户关注的事件进行持续的跟踪分析，并将事件涉及的人物、机构之间的关系以图形化方式呈现

策划中心应用场景示例图

策划中心采用基于知识和时空的异构数据处理框架，可

定制或优化分析模型、支持实时的数据流分析和自建数据可视化：

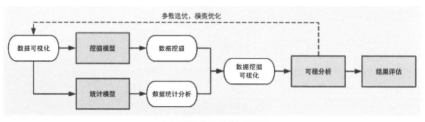

分析模型优化流程图

数据流分析与图形化呈现

4. 个人中心：为用户提供可自定义配置的个人管理门户

个人中心面向编辑用户提供个性化、精准化、定制化的个人创作首页，并利用大数据平台的数据分析服务功能，以主动式和推荐式相结合的内容模块组成可拖拽组合的页面子模块，如稿件状态追踪、热点线索监控、数据图表分析等功能。以类似于 Portal 的方式，在个人中心首页展现用户个人信息提醒和所关注的相关信息内容。

基于全媒体稿费考核系统，用户也可以在个人中心查看发稿量、稿件质量评估等工作量统计；针对外部投稿用户，也可以查看稿费统计发放情况。

5. 移动采编：满足记者编辑随时、随地办公需求

移动采编采用 APP 和微信两种版本，实现用户将稿件

通过移动设备发送到传播服务平台。移动采编 APP 融合了稿件内容回传与移动指挥调度两方面的功能模块，移动采编的回传内容是传播服务平台创作中心的移动内容来源，报社与移动用户可以通过本系统实现双向的内容互动，结合 GPS 定位服务可以实现基于地理位置的指挥调度，移动采编能通过时间轴的方式完成多人协同的联合移动报道。

移动采编的微信版可通过浙报内部的企业号完成对内部采编相关业务流程系统的整合，可以实现多类型稿件和线索选题内容的传递，以及对个人中心与资源中心的内容和选题浏览，报社领导基于系统的权限设定还能够完成流程稿件的审核评定、传统纸媒与杂志的大样浏览等功能。

6. 内容创作投稿平台：生产平台实现由封闭型到开放型转型

内容创作投稿服务平台将传播服务平台的部分功能和内容向公众开放，其基于 UGC 模式设计（即 User Generated Content，指用户生产内容），在 UGC 模式下，外部记者、编辑、文字爱好者将成为互联网内容的生产者和供应者，体验式互联网服务得以更深入地进行，可充分调动群众参与稿件创作的积极性。

广大的外部"通讯员"群体在平台内可以进行内容撰写、投稿、查询、管理、统计、下载等功能；同时利用媒立方大数据平台，为用户提供分级授权的数据服务。用户通过平台（含网站和移动端）进行时政评论、身边事等内容的采编和上传，稿件一旦被集团采纳，则可通过全媒体稿费考核系统进行稿费的发放。

平台提供相关的辅助性社交功能，包括活动 / 赛事发起、调查/投票、交流群组创建等，进一步完善平台生态体系建设。

7.全媒体稿费考核系统：建设多元化动态评估指标体系，实现稿费发放、绩效考核的精细化管理

随着互联网媒体融合时代的到来，稿件可能发布到报纸、杂志、网站、APP应用、微信、微博、微网页、数字报刊、媒资专题、大屏等多种渠道，每个渠道的转载量、阅读数、评论数、话题营造力、热点贡献力以及传播影响力等动态数据也应纳入稿费计算和绩效考核的范畴，由原来的单一静态计算指标转变为多元化的动态大数据计算指标。全媒体稿费考核系统充分利用现代化的管理手段，通过灵活定义的多维度计算指标，建立先进、科学、规范的管理体系。其主要包括考核模块和稿费模块2个部分。

考核模块将利用大数据平台所提供的跨媒介新闻转载、传播效果分析数据，结合科学定制的考核打分指标，自动化完成记者和编辑跨媒介传播力指数计算，形成传统考核与传播效果融合的考核体系。考核模块还提供了强大的统计、分析功能，可提供个人、部门、分媒介等不同范围的统计报表服务。

第三节　媒立方平台的优势

媒立方在实现"中央厨房"模式的基础上，将集团内容数据、流程数据、用户数据进行全面集中、关联、深度挖掘，在资源采集、创作生产、运营支撑、传播反馈等各个环节充分融入大数据应用成果，构建全新的"以数据为核心"的模式，与整个互联网思维下以DT为中心的主导思想相符合。

一、打造集团数据资产管理体系，全面提升集团资源加工应用水平

媒立方利用多源多态的数据汇聚技术打通浙江日报报业集团各个部门及下属单位的信息壁垒，全面整合集团旗下报、刊、网等传媒资源，建设集团自有的媒体大数据仓库，形成覆盖采集、加工、使用、评估、优化、下线等环节的数据资产全生命周期管理。同时，进一步提供专业化的数据资产"管家"服务，包括资产规划、运营管理、开放管理，以及面向集团各部门、各领域大数据应用和面向采编的不同类型数据资产应用，全面提升数据治理能力，从而为 DT 时代的数据资产管理和增值发展提供全面支持。

二、应用大数据分析技术，推动媒体生产传播转型升级

媒立方不仅完成浙报集团资源聚合，更重要的是充分利用大数据分析技术，挖掘和发挥数据资源价值并促进持续增值，进而推动媒体生产转型升级。

通过将集团内容数据、流程数据、用户数据进行全面集中与关联，形成基于内容可靠性分类、地域分类、舆论场分类等多个维度的内容标签体系，并在此基础上进行内容领域细分和主题层次的抽取，实现数据的二次解读和深化加工。帮助记者挖掘数据背后的新闻线索，实现创新型、突破性的选题策划，进而提升新闻内容价值与传播价值。

利用用户行为分析、流量分析、内容分析等技术手段建立用户阅读行为数据库，构建用户画像、时序传播画像等分

析模型，进一步实现用户情感倾向和兴趣偏好分析，从而实现多样化、个性化、对象化的信息服务，以用户需求为导向重建用户连接。同时，可进一步开发面向专业领域的数据增值服务，如针对政府部门的民意分析服务、针对社会公益的舆情服务等。

三、利用数据开放分享吸引用户沉淀，重构可持续的服务闭环模式

新闻业作为单独产业，越来越不具备单独的商业闭环模式。用户即阵地，用户即价值。

媒立方在有效支撑浙报集团自身新媒体矩阵基础上，也可以通过云服务与其他专业媒体机构合作，开发适合用户需求的系列新媒体产品，向媒体同行开放，向创业团队开放，也向企业用户和自媒体用户开放，并借此实现用户数据、内容数据的充分开放和分享，发展用户沉淀平台，进而挖掘和孵化增值服务。形成以数据开放平台为核心，以用户和用户之间的关系为传播机制，以互动为内容生产的动力，以多媒体为特色，新闻、资讯和服务有机融合的具有未来前景的服务模式。

第四节　未来五年传媒新技术新特征

从种种迹象来看，智能化是已经袭来的全球化大浪潮，不但影响到企业和整个产业，更将深入影响到整个社会和每一个人的生活——

智能化领域的一个重要战略：工业 4.0，已经被许多国家上升到政策高度，而中国版工业 4.0 规划《中国制造业发展纲要（2015 ～ 2025）》初稿已完成，并于 2015 年公布，国内制造业已纷纷开始布局工业智能化建设……

同样，传媒产业也在积极探索基于智能化的新闻报道模式，这是技术革新驱动新闻生产升级的更高一级的形态，代表了未来新闻发展的一种趋势。目前的智能化新闻生产更多是停留在实验阶段，预计在 2020 年以后或者更晚一些时间，智能化新闻生产的大规模应用会逐步到来。随着大数据技术提升和科学进步，智能化新闻生产在信息处理能力和广泛嵌入性方面也会水涨船高，把媒体报道的范围和创造性提升到前所未有的新水平，并以实践促进新闻职业理念创新。

一、机器写作聚焦新闻生产自动化

聚焦新闻内容生产的自动化趋势，即基于数据处理和人工智能的新闻内容生产和编辑、出版。机器新闻或机器写作其最大特点就是快速，可以达到毫秒级的写稿速度，在讲求时效的突发事件中，这一特点的优势尤为突出。另外，在需要进行数据处理的新闻（如财经类），根据算法设置，机器写作也可以轻松处理，为记者分担数据分析的工作，使其能有更多的时间去专注于报道。

美联社从 2014 年 7 月开始便通过软件 Wordsmith（语言大师）使用自动化技术撰写公司财报。据了解，它能够抽取关键数据和词语，并与其他背景信息进行匹配，只需花上几毫秒时间，软件就能编写一篇美联社风格的完整报道。

2015 年 3 月，他们的机器人记者功能再次升级：使用自动化编辑器扩大算法范围、传感器搜集实时数据……于是，美联社又打算使用算法机器人来写一部分体育新闻。

继 2014 年 7 月美联社引进"机器人同事"后，全世界的新闻编辑室都安插了大批"抢记者饭碗"的"新闻机器人"。《卫报》利用"#Open001 机器人"将社交网络上的分享热点和关注热度进行统计分析，随即进行内容筛选、编辑排版和印刷，最后生成一份报纸。《纽约时报》Blossom 甄选"爆款"文章、《华盛顿邮报》truth teller 专职新闻核查、《腾讯财经》正式启用机器人新闻等等，自动化新闻异军突起。

机器内容生产的出现和兴起，对于新闻传播行业的影响，主要是内容的生产和编辑、出版或发布、推送方面。首先，一线内容生产的总体格局可能会发生重大变化。在财经、气象 / 地质、体育、健康等领域的常规稿件的生产中，传统的记者写稿环节，可以解构为记者"指导"下的机器写稿和记者 / 编辑进行人工修改把关两个环节。其次，稿件生产会越来越依赖于内容资源数据库以及基于大数据的数据挖掘工作。第三，稿件内容的发布和推送将会更加个性化、定制化，基于对用户消费偏好和方式的分析，在新闻发布和推送时作相应的个性化裁剪。

二、虚拟现实打造沉浸式新闻

虚拟现实（VR）是一种利用电脑模拟产生三维虚拟世界的高新技术，需要用户通过佩戴专门的头盔或眼镜来实现交互式的体验，在教育、地理、游戏等领域都有所应用。随着科技的不断发展，虚拟现实、全景视频等技术走进了新闻传播，不仅改变了传统新闻报道的叙事思路，也更新和颠覆了新闻生产的整个流程。其中，虚拟现实的运用正成为融合报道中的全新领域。

《纽约时报》于 2015 年 11 月推出新闻 VR 应用程序——NYT VR，通过 NYT VR 应用，纽约时报订阅者可以观看首个新闻故事《The Displaced（流离失所）》，这是一条关于战争对儿童影响的新闻。据介绍，《纽约时报》将会继续推出更多的 VR 新闻报道，涵盖叙利亚难民营、埃博拉病毒幸存者等话题。

其他媒体也纷纷上马操作，如 BBC 发布了交互式新闻《叙利亚之行》（Syrian Journey），菲律宾媒体 Rappler 的"反饥饿计划"（HungerProject）以及半岛电视台的交互式新闻游戏《偷渔》（Pirate Fishing），后者为半岛电视台官网吸引了 80% 以上的新增用户。

虚拟现实与新闻融合的最大意义，在于改变了人们对于获取新闻方式的既有认知。一方面，利用这些元素能够让信息更有效地传播；另一方面，能使受众获得更多的自由度和满足感。直视新闻中的人物，倾听他们的故事，主动探索和获取信息，使传播回归"原始形态"。

同时，通过虚拟现实的视频报道，媒体也能够获得视频广告的全新收入机会，传统报业也会更多涉足电视台执掌的视频领域。

三、智能穿戴设备引领媒体进入"小轻快"时代

随着智能穿戴设备的发展，使人、信息和设备之间的联系愈加密切。作为传媒来说，更接近人本身是极致的追求，同样也是可穿戴设备的初衷。通过可穿戴设备可收集到每个

用户的个人数据，媒体机构如能就此进行精确分析，掌握用户的喜好，即可实现个性化的内容及服务推送。

2015 年 6 月 8 日，"新华社"客户端新版正式发布，同步推出了可穿戴设备版本，成为第一批入驻苹果手表的新闻客户端。除了随时点击苹果手表阅读新闻，"新华社"手表端还应用了"弹窗"功能，将重要新闻第一时间推送给用户，用户只需抬起手腕便可阅读。同时，"新华社"客户端也已运用基于大数据的"身份识别"技术，实现主流信息与读者兴趣有效匹配。

另外，智能穿戴设备的特性使其具有其他媒介载体不能比拟的优势，由此也会改变新闻生产的流程和生态，意味着新闻信息生产和媒体传播已进入"小、轻、快"时代。

在国内新闻采访领域，2014 年 11 月，首届世界互联网大会期间，钱江晚报的前方报道团队专门配备了高大上的谷歌眼镜，前方团队采访的素材能第一时间发回到编辑后台，炫酷之余，整个团队在采访方式上也作了一些全新尝试。

较之传统媒体，智能穿戴设备在新闻传播中的优势不言而喻：1. 实时。迅速记录信息，然后第一时间传播信息，即时、迅速，现场感强。2. 立体。内容形式多样，个性化突出，包括图片、文字、声音以及视频画面等。3. 互动。及时了解用户需要了解的信息，用户看到信息后立即反馈。从平台和工具的角度来看，智能穿戴并不是传统媒体的竞争对手，反而将是传统媒体改善当前困境、跃向新媒体时代的全新利器。

第八章
借助资本市场推进媒体融合发展

2008 年以来，新闻出版体制改革力度明显加大，拟上市的传媒企业不断增多，其中不乏影响力较大的报业集团。目前，已上主板的报业上市公司主要有博瑞传播、华闻传媒、新华传媒、粤传媒、浙报传媒、华媒控股等。成功挂牌新三板的报业及新媒体公司有舜网传媒、荆楚网、龙虎网、北国传媒、大江传媒等。

本章所述内容，所涉及传媒类上市公司主要指国有控股的报业传媒上市公司，不含文广、出版类传媒企业；所涉及资本运作主要是指 A 股上市和新三板上市范围内的资本运作，不含证券市场之外的资本运作方式。

第一节 报业集团上市的时代选择

媒体融合，首先要推进各种媒介资源、生产要素的有效整合，在新闻内容、技术保障、人才队伍、经营管理各方面实现共享融通，形成一体化的组织结构、生产系统、传播体系和管理体制。

眼下，谋划上市的报业传媒集团越来越多，究其原因，应该是大家都看到了报业上市，可以借力资本市场实现跨媒体、跨地区、跨行业发展，迅速提高媒体核心竞争力，真正做大做强传媒主业。

2000年，成都博瑞传播股份有限公司（博瑞传播，600880）借壳四川电器，成为中国报业第一股，经历了从传统制造业向传媒业的第一次转型。

2006年，深圳证券时报传媒有限公司84%股权和陕西华商传媒集团有限责任公司61.25%股权，注入上市公司燃气股份，将公司业务从单一的燃气领域向传媒领域进行了拓展，使公司成为一家大型报业上市公司，公司名称由燃气股份更名为华闻传媒（000793）。

2008年1月，上海新华传媒股份有限公司（新华传媒，600825）完成定向增发，《解放日报》报业集团、上海中润广告有限公司分别以其传媒类经营资产认购股份。传媒类资产注入之后，公司除了图书发行业务的主营业务之外，增加报刊经营、报刊发行、报刊广告代理等业务，打造完整的平面媒体经营产业链。

2007年11月，广东《广州日报》传媒股份有限公司（粤传媒，002181）成功登陆深圳证券交易所，是首家获得中宣部和国家新闻出版总署批准并在中小板上市的报业传媒公司。2012年6月，《广州日报》经营性资产整体注入上市公司。

浙报传媒集团股份有限公司（浙报传媒，600633）是省

级报业集团中第一家经营性资产整体上市的公司，于 2011
年 9 月 29 日在上海证交所借壳白猫股份上市。

2014 年 12 月，杭报集团旗下浙江华媒控股股份有限公
司（华媒控股，000607）正式借壳挂牌上市。

第二节　借力资本促融合发展

就传媒业发展趋势而言，传媒业已经突破了以前单纯的
信息传播的功能，成为人际交往的一种介质，越来越深入地
渗透到社会生产和生活的方方面面。目前，传媒及其产业逻
辑也正在向更多的领域渗透，将承担更多的推动社会发展职
能。基于这样的变化，上市、收购、兼并等资本运作手段将
取代传统的、自我积累的内生性发展模式，成为传媒产业发
展壮大的重要推手。

与互联网企业相比，在传统报业集团的上市过程中，有
一个有力推手——政府。不论是在主板上市的浙报传媒、华
媒控股等传统报业，还是在新三板挂牌的北国传媒、大江传
媒等新媒体，均是在各级主管部门的政策推动下，快速跨进
了资本市场的大门。当然，政府的这一推动作用不仅是因为
文化产业大繁荣和媒体融合发展的大背景，更是因为大家都
看到了报业传媒公司上市，对党报集团的发展具有巨大的促
进作用。

在我国文化产业大发展大繁荣的战略背景下，资本市
场对传媒上市公司十分推崇，不少投资者热衷认购文化产
业公司股份，资本对于有想象力、有执行力的公司非常慷

慨。因此，充分借助资本的力量对于传媒业的发展而言至关重要。

报业集团正是看到了这一点，才将上市作为重要突破口。通过资本运作，报业集团将得到的资金用于投资新媒体及相关产业，大幅提升舆论引导能力、科学发展能力以及创新创业能力，从而更好地巩固发展舆论阵地。报业集团纷纷筹备上市事项，逐渐形成了一场声势浩大的变革。华闻传媒、浙报传媒、粤传媒、新华传媒、博瑞传播、华媒控股等企业成为报业上市的先行者和探索者。

一、通过资本平台大幅提升传媒企业资本运营能力

上市公司在 IPO、融资等挂牌上市时，通过发行股票，既可以获得资金，又能瞬间提升品牌价值，可谓一举两得，"名利"双收。结合主要报业传媒上市公司的发展现状，纵观其近 10 年来的发展历程，发展的基本原理在于传媒资产上市之后迅速借用资本进行扩展，促进产业延伸，优化产业布局。

案例一：粤传媒

粤传媒是目前国内报业集团中唯一一家通过 IPO 挂牌上市的公司。2007 年 7 月 30 日，广州九州阳光传媒股份有限公司（股票简称"粤传媒"，其实际控制为广州日报社）IPO 申请获中国证监会批准，获准在深圳证券交易所 A 股首发上市，开盘价为 22 元 / 股，较之发行价 7.49 元 / 股升幅为 193.725%，其后市值继续攀升至企稳。

粤传媒是首家获得中宣部和国家新闻出版总署批准并在

中小板上市的报业传媒公司。上市初期,《广州日报》报业集团迅速打开了新局面。

《广州日报》报业集团上市之后的资本运作以及改革创新,抢占了先机,获得了改革创新的动力,赢得了一个又一个难得的机遇,得以成功地实施强势媒体发展战略与竞争策略,实现跨越式的发展。

尝到了资本市场的甜头之后,《广州日报》再接再厉推进资本运作。2012 年,《广州日报》经营性资产整体注入粤传媒,成为广东省唯一报业传媒集团整体上市公司。

《广州日报》整体性资产注入上市公司的过程,本身就是一个重大的资本运作事件。这无疑为《广州日报》报业集团的进一步资本运营提供了一个更加便捷的融资平台,从而为其实现跨越式发展提供了可持续的资金来源。

案例二:浙报传媒

在报业上市的成功案例中,浙报传媒一直被视为最经典的一个。2011 年 9 月 29 日浙报传媒上市当日,以 52.6 亿元的市值位列传媒出版板块上市公司的第 12 位。2013 年上市两周年,浙报传媒以 289 亿元的市值在传媒出版板块上市公司中位列第 2。2013 年,浙报传媒以 31.9 亿元并购盛大网络旗下的边锋浩方。通过资本手段,浙报集团直接和间接掌握的用户数大幅提升,突破传统媒体的地域性限制,一跃成为以浙江为核心,辐射安徽、江苏、北京、上海等重要地区,覆盖全国乃至全球的拥有最大网络用户规模的省级党报集团。

2011 年借壳上市,拥抱资本;2012 年加大投资,布局

PE 和行业投资；2013 年大手笔收购边锋浩方，实现多元化转型；2014 年布局电商 O2O——上市 3 年，在传统媒体特别是报业集团整体收入和利润显著下降的情况下，浙报传媒实现了营收和利润的双增长，圆满完成各年度利润承诺。2015 年 6 月 12 日，浙报传媒股票盘中股价达 2015 年上半年最高 31.30 元，总市值达 371.93 亿元，是上市当日的 7 倍。为适应融合发展需要，浙报传媒以资本手段并购一系列新媒体重大项目，赢得了跨区域、跨媒体发展的重要先机。

第三节　集聚要素促融合发展

传媒上市公司以资本为纽带，利用传统媒体的新闻手段、营销能力、品牌影响力，结合新媒体的技术手段、互动性、传播速度，在报业传媒集团的发展中，起着举足轻重的作用。

可以说，媒体经营性资产整体上市之后，报业集团就迈出了推动媒体融合发展的重要一步，在竞争激烈的互联网领域也占有了一席之地。他们利用上市公司直接融资优势，快速抢占互联网阵地。千方百计抢抓机遇，通过证券市场的资本运作，特别是通过资本手段并购新媒体重大项目，优化产业布局，快速集聚了用户资源、文化内容资源、技术资源和传播渠道资源，为媒体融合发展获取了基本的要素，赢得多媒体融合、跨媒体拓展的重要先机。

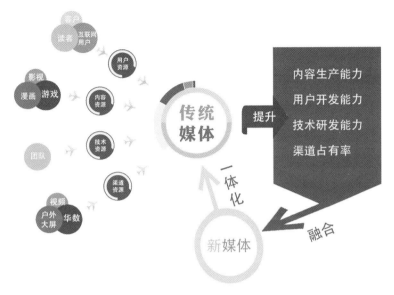

各要素促进融合发展关系图

一、集聚用户资源

报业传媒上市公司的发展史，就是用户的开发史。通过多年的发展和积累，报业传媒上市公司具有其它传媒类公司无法比拟的优势，具备了优质的品牌资源、海量的内容资源和渠道资源，在与互联网企业拥抱的过程中，甚至还拥有了丰富的用户资源。报业传媒上市公司的用户资源主要分为三个方面，包括广告客户资源和读者用户资源，以及目前正在积极挖掘的互联网用户，这是报业区别于其他传媒企业的独特资源。

在"互联网+"时代，通过不断地探索与整合，报业的产品形态已经从纸质媒介形态逐渐转变成多元的形态与方式，移动端、网站、电视等发布渠道逐渐成为报业的新业态。报业的用户既是报纸的终端消费客户，又是提升品牌的价值资源。当报业媒体在新闻传播与增值服务的过程中，不仅可以利用手上所掌握的用户进行移动端营销、网络营销、数据库营销、城市分销、电话营销、短信营销，还可以衍生出电子商务、物流配送、游戏推广、客户俱乐部、商业外包服务以及多种垂直专业化的业务和产业链。

媒体融合发展的关键在于找到能够集聚用户的互联网平台，在此基础上实现新闻传播与互联网服务的融合。浙报传媒、华闻传媒、华媒控股等几家报业传媒上市公司更是把握机会，把集聚用户资源提到了核心工作的位置。在传统媒体与新兴媒体竞争与融合的分水岭上，资本为传统报业集团进军互联网市场、打造用户集聚平台提供了能力和实力。

媒体融合发展是传统媒体与新兴媒体产生的"化学反应"，是一次质变和飞跃。其核心是要以用户为中心进行互联网化的创新融合。确立用户理念，把服务用户、吸引用户、集聚用户作为出发点、落脚点和着力点，作为内容创新的评价标准，作为办好媒体的终极目标和追求。

在传播的过程中真正做到以用户为中心，实现内容产品化、产品服务化、服务多样化。同时，与时俱进，主动适应用户需求变化，将移动终端作为创新传播形态主阵地，从根本上推动以往纸媒的单向信息传播模式，全面转型到重视用户、培育用户、发展用户、集聚用户、服务用户，重构互联网时代的现代传媒新模式。

在新媒体爆发的"互联网+"时代，用户就是阵地，用户就是资源，用户就是价值。但是，要真正实现精准传播，有效地利用所掌握的用户资源，传统报业必须要向优秀的互联网企业学习，用互联网的思维去整合用户资源、了解用户需求、解决用户问题。

首先，报业传媒应该建立专业的数据团队，进行收集、整理、分类、研发、营销等一系列专业的工作。第二，报业传媒应该将传统媒体的内容资源与标签后的用户社群进行巧妙的结合与联动，更加有效地占领舆论阵地，传播新闻内容。第三，报业传媒应该把用户资源当做产业的驱动力，通过层出不穷的服务，将用户的需求开发衍生成为新的业务，完善传统媒体的产业链。

二、集聚文化内容资源

文化内容资源是传媒组织的核心资源，也是报业集团的独特优势。在互联网环境中，传统媒体对文化内容资源的运用受到严重挑战，需要重新重视文化内容资源的价值，从自身优势上寻找突破，充分集聚文化内容资源，以增强核心竞争力，把握信息传播市场的主动权。

报业传媒上市公司主要通过并购的方式获取文化内容资源。华闻传媒、浙报传媒、博瑞传播几家公司重视发展影视、游戏、动漫等数字内容，都取得了不俗的业绩。

在传媒产业化的发展趋势下，坚持以内容资源为主导，坚持以舆论导向为主旨，这是集聚、开发、升级内容资源的首要任务。通过合理配置并盘活新闻信息资源，积极收购并开发其他形式的文化内容资源，使报业价值链从新闻信息的生产与加工，延长到综合文化服务。

三、集聚技术资源

在传统媒体与新兴媒体融合过程中，技术始终起着纽带作用。对于报业传媒上市公司来说，集聚技术资源、打造技术平台显得更加具有优势。一方面，这些上市公司主动迎战，组建技术研究团队，规划打造符合现代传媒业发展的技术平台；另一方面，他们又不闭门造车，而是利用资本优势，通过有针对性的并购活动，收购高新技术公司，收编技术团队，快速有效地提升技术力量。

博瑞传播借壳上市之后，较早地涉足新媒体业务，在网络游戏开发和运营技术方面都有突破。2009年6月，博瑞传播斥资4.47亿元成功收购本土网游企业——成都梦工厂网络信息有限公司100%的股权，借此实现了从平面媒体经营业务向综合性多媒体经营业务的跨越。

2013年，博瑞传媒通过定向增发实现对漫游谷70%股权的收购，从而积累了丰富的游戏研发技术和运作经验，一跃成为拥有领先互联网技术的报业上市公司，新媒体产业基础进一步稳定，新媒体业务的核心竞争能力及持续盈利能力进一步提升。

浙报传媒通过收购边锋公司，迅速集聚了一批互联网技术人才，为媒体的互联化改造，准备了一支技术团队。

四、集聚传播渠道资源

在用户的体验多元、客户的广告投放更加立体的背景下，报业经营转型的必然途径就是布局更多的传播渠道，打造立体的传播网络。当下，门户网站和移动终端的视频产品普遍被看好，成为报业传媒上市企业竞相并购的对象。有不少传统媒体选择视频产品作为传统纸媒突围、转型的一个突破口。

华闻传媒、华媒控股、浙报传媒在视频渠道方面的开拓，都宣告着视频渠道将成为传统媒体与新兴媒体融合发展的重要资源。

第四节　完善体制机制促转型发展

报业传媒集团上市，不仅有利于进一步提高国有资本在意识形态领域的影响力、控制力，也在企业化、市场化的过程中，不断完善现代企业制度，为报业集团大大提升体制机制优势。

一、上市有助于加速现代企业制度建设，提升媒体融合的体制活力

总结几家经营性资产上市的报业传媒公司，上市之初，公司即按照现代企业制度要求，进一步完善公司法人治理结构，建立规范有效的公司治理机制。通过规范公司股东大会、董事会、监事会和经营管理者的权责，形成权力机构、决策机构、监督机构和经营管理层之间的制衡机制，快速完成上市公司的现代企业制度要求。

上市后，不少公司以上市形成的倒逼机制进一步加快推进公司体制机制改革，不断创新集团化管理体制和公司化运行机制，加快规范管控管理制度，加速形成现代规范的企业制度。

浙报集团为适应互联网新媒体迅速发展的趋势，以上市为契机，推进集团下属 16 家一级子公司进行改革重组，建立了符合上市公司规范的一系列管理和运行制度。2011 年11 月开始，进一步贯彻落实中央关于深化文化体制改革的部署，借鉴上市公司改制工作经验，大力推进集团后勤中心、

信息技术中心、新媒体中心等"三中心"转企改制工作，完成对浙报集团下属《浙江老年报》《美术报》《淘宝天下》"三媒体"出版单位的转企改制工作。共完成345名事业编制员工的身份转换和重新安置。

按照上市公司的规范要求，公司切实加强内部控制建设。为适应推动传统媒体和新兴媒体融合发展的需求，以"管人、管事、管资产、管导向"四管统一为原则，强化集团党委对上市公司的管控力度，实施以战略为导向的全面预算管理制度，实行"目标分解、逐级预算、充分授权、全面考核"的全面预算管理模式。

二、资本上市有助于大力实施文化产业跨界拓展，提升对传媒主业的反哺能力

挂牌上市、资本运作，都只是报业拓展舆论阵地、引领舆论导向的一种手段。报业集团上市的真正用意，是围绕满足人民群众不断增长的精神文化新需求，把媒体价值传播与文化服务相结合，通过并购、融资、参股、投资等一系列资本运营手段，快速推进智慧服务发展，延伸物流、电商、政务服务、养老、网络医疗、教育培训等产业链，创新传媒融合过程中的商业模式，以有力的资本支撑，反哺传媒主业。

纵观国内报业上市公司，在资本力量的保障下，在新媒体以及相关文化产业的拓展中，取得了更为可观的收益，提升了科学发展能力。提升科学发展能力是促进传媒主业的根本保障，为更好地在推动传统媒体与新兴媒体融合发展中做大做强主流舆论阵地，最大限度地占有用户、集聚用户，更好地完成舆论引导使命提供了强有力的支持。

第九章
新思维驱动下的报业组织创新

融合新媒体，融合互联网，现在几乎被所有的传媒集团放进了愿景。但这种融合不仅是技术升级、平台拓展、内容创新，同时应该还伴随着企业组织架构的创新，而这往往是最艰难的一步。

在"推动传统媒体和新兴媒体在内容、渠道、平台、经营、管理等方面的深度融合"浪潮中，主战场近年来逐渐深入报业集团内部，在组织和机制上，报业老总体现出了巨大创新冲动和力度。因为大多数集团负责人意识到，技术、人才、渠道都可以引进、嫁接，但只有走好组织机制转型这一步，才能让融合从"物理变化转向化学变化"。

第一节　中国报业组织形式的演变

组织是人们为了实现共同的目标而形成的一个协作系统，企业管理的组织是企业从事管理活动以实现企业目标的一个协作系统。

媒体是特殊的行业，负责传递有价值的信息。中国报业作为党和政府的重要宣传阵地，承担着重要的政治使命，其特殊性更为突出。

但是，媒体作为一个产业，又受传播规律、市场规律的影响。长期以来，中国报业的组织形式，随着时代变化，任务变化，也有着鲜明的演变——

事业单位管理

作为党和政府的一个重要的宣传部门，在很长一段时期内，中国报社的管理方式都是以行政化、机关化为主导。在职能部门设置上，以采编宣传工作为中心，另设有广告、行政等部门管理协调。在管理模式上实行机关模式，统一下达命令，逐级执行。内部机构和干部，以行政级别为主要管理体系。这与当时报社的主要功能定位是相适应的。

建立报业集团

1996 年,《广州日报》报业集团成立，这是中国第一个报业集团。至今经原国家新闻出版总署批准的报业集团有 39 家。报业集团化，是一次重大的文化体制改革，使报业走上了集约化、多元化、规模化的强势发展之路。

以《广州日报》报业集团为例，它改革了领导体制，将编委会领导下的总编辑负责制改为社委会领导下的社长负责制。部分随后成立的报业集团也根据自身特点，按照采编、经营分开的组织架构，建立了类似的管理体制。许多报业集团还设立总经理一职，形成党委会统一领导下，由编辑委员会负责采编业务、经营委员会负责经营业务的架构。通过组建报业集团，中国报业改变了过去"零、散、小"的局面，涌现出一批拥有强大舆论影响力和经济实力的大型报业集团，并为报业集团跨业发展打下基础。

建立现代企业制度

2003 年，国家启动文化体制改革。在这次政策东风扶持下，报业集团又进行了新一轮组织变革，这次组织创新以建立现代企业制度为核心。许多报业集团以明晰产权为突破口进行组织结构革新，确立和规范集团与各子媒体、子公司之间的产权关系，让他们成为市场竞争主体。各报业集团根据自身特点，推出了许多不同的做法。比较主流的做法是成立"有限公司"或"控股公司"，接受授权经营，负责报业集团经营性资产的经营。

在内部的协调机制上，在如何处理好采编与经营、事业与企业的关系上也有许多突破性创新。《浙江日报》报业集团实行"一报一公司"的改造，既适应了党媒管理的特殊性需要，实现了事企分开，又按照现代企业制度，塑造市场主体，建立起内部三级管控框架，为进一步发展打下机制基础。

上市公司治理改造

中国报业企业上市从 2000 年成都商报社旗下的博瑞投资借壳上市开始，至今已有十多年了。近些年，报业集团又迎来争取上市的热浪。从 2010 年《浙江日报》报业集团成为全国第一家经营性资产整体上市的报业集团后，经营性资产整体上市成为寻求上市的报业集团的首选方案，同时，新媒体在主营业务中的比重也越来越大。

报业企业上市，建立起自身的资本运作平台，借助资本市场筹集低成本资金，跨界收购兼并媒体，开拓新的利润增长点，成为报业企业抵御互联网冲击，加快媒体融合步伐的重要路径。同时随着上市，建立起股东会、董事会、监事会、职业经理层等公司治理主要架构，完善现代企业制度。这些公司上市后转为社会公众公司，接受证监会、公众的监督，有利于报业集团进一步规范管理，形成科学的决策、监督体制。

第二节　组织架构的改造方向

中国报业组织架构的革新，步子一直很大，也一直在进行中，用脱胎换骨来形容近十几年的变革不为过。但是，与中国报业希望实现的扩大舆论影响力的系统目标仍有差距，与新媒体的机制特征相比，改进组织架构的迫切性依然十分鲜明。

互联网思维的启示

钱德勒在《战略与结构》中提出"结构跟随战略"理论，企业制定什么样的发展战略，就必须采用什么样的组织形式。钱德勒不是管理专家，他是企业史学者，他的所有结论都来自以往，却对未来有着指引。

通常我们说，直线型组织结构，责权明确却不利于调动积极性；职能型组织结构，业务性强却横向联系差；矩阵结构，适应性好却易产生多头管理……

报业在媒体融合中，经常把互联网企业作为主要参照，而互联网企业又呈现什么样的组织机构特征呢？可惜的是，现在国内外著名的互联网公司的组织方式也都大相径庭。有的以产品矩阵为核心，比如阿里；有的用事业部制加上服务支撑，比如腾讯。他们的共同特点是：一、高度突出自身的企业或核心产品特点；二、尽量扁平化，保证快速反应；三、不怕折腾，随时可以推倒再造；四、去"官僚化"，更平等、灵活、弹性。

其实，目前的新媒体本身就处于技术异质更替的剧烈变动中。报业向新媒体的融合，其目标并不见得就是目前所看到的新媒体，而是在未来。报业转型之路无先例可依，"八仙"们都已下海，他们各显神通，不同的理解、不同的方法、不同的路径，向往着各自心中"虚拟"的彼岸。

但是这个"彼岸"是有共性的，其"共性"是依据目前互联网发展的特性去推断的未来发展之路。而深度融合的标志之一，便是用互联网思维重构传统媒体组织结构。

符合自身需求的改造观念

在与互联网技术和新媒体的融合过程中，每个报业集团都有自己的体会。

浙江日报报业集团在多年的全媒体融合之路中，体会到了三个意识，并作为核心融合发展观。

一、内容即服务。传播的本质就是服务，媒体融合的本质也是服务。必须把新闻传播与互联网服务融合起来，顺应用户需求的变化，重塑传播逻辑，从提供单一新闻资讯向以新闻资讯为核心的综合文化服务转变。

二、用户即阵地。传播的基础在于用户，必须想方设法把报刊读者变成多元用户，把占有用户、发展用户、集聚用户作为根本目标，作为评价标准，贯穿于媒体融合发展的全过程、各方面。

三、作品即产品。互联网的生产模式是内容服务化、服务产品化，必须改造现有新闻生产流程，建立健全以产品为核心的新的运行体制和管理机制。

如果按这三条融合发展观作为组织架构的改革方式，传统媒体的生产、运营组织方式与新媒体有着巨大区别，要实现这些转变，新闻内容生产要和互联网服务打通，采编人员要和用户需求打通，生产要和营销打通。

从报业组织机构创新诉求上讲，横向要能把不同性质的媒体串成一个全媒体，重塑传播阵地；纵向要把内容生产、技术创新、用户集聚、服务营销连成一体，使传播价值链形成一个闭环。而且，所有这些转变，都必然对一个良好的支撑体系提出要求，使你的企业组织方式向更快反映需求、更易促进创新、更好复制推广的方向转型，更好地适应互联网时代。

由此可见，对报业集团来讲，在现阶段与新兴媒体进行深度融合，需要重塑组织架构，从根本上打通各个关节，这种深度打通关键在于既要适应新媒体生产传播规律，又要符合自身特征与诉求。要创新而不要照抄。

第三节　组织管理创新

不久前，有一篇曾经的"业内人士"写的文章在微信上流传，文章剖析了为什么传统媒体做不好新媒体，不是不会用新技术，而是"生产关系的落后"。文章认为，新媒体需要创新才能推动，而创新需要在期权股权激励等新型所有制关系下才能萌发。所以"僵化的体制永远产生不了创新型业务"。

应该说文章的观点，从企业管理的角度提出了传统媒体在体制机制上革新的迫切性，但它的结论却是不正确的。事实上，在推动深度融合中，报业集团在组织和机制上的决心和动作都十分大，也有了许多实践经验。

内容流程改造最易破题

在报业组织结构变革实践中，要按一个模板进行推倒重建是不可能的，在传统媒体向新媒体融合过程中，只能从易到难，从简到繁，做掘进式改造，融合到什么层面，组织机构就改进到什么层面。

报业集团在融合上的组织创新，动手最早、也最普遍的就是内容生产的流程改造了。因为，作为传统上以内容生产为根本的报业集团，在建立适应全媒体传播需要的内容生产流程和把关流程上，显得更主动，也更自信。

这种生产形式再造的主流方向是，建立全媒体间的紧密协同机制、内容融合机制和互动沟通机制，以做到新闻信息一次采集、多种生成、多元传播。

有人描述过，最符合新媒体发布需求的内容生产组织，就是朝着组建一个综合性的全媒体信息中心努力，将所有的记者、制图美工、技术人员及协调人员从各个子报和新媒体集中起来，各子报和新媒体只设立编辑部，它们的稿件均来自于这个全媒体采编中心的供稿。BBC 就是走的这一条路。

其实这种理想中的"内部通讯社方式",在一些报业集团中早已有之,但一向贬褒不一。除了图片、体育等内容较易整合外,这种"内部通讯社"方式,一来容易抹杀各子媒的个性,二来在组织协调上也是知易行难。目前流行的"中央厨房"式的全媒体采编流程改造,通过数字采编中心的运作,重构新闻流程,能牵引平面媒体内部生产流程和话语方式的网络化改造。这是一种折中方案。

流程改造在各个报业集团称谓不一,但是大多数的做法是在原有采编主流程中嵌入一个数字化处理环节,通过将各类信息汇聚到这个环节进行处理,传统媒体实现了新闻素材的数字化改造,并分流至多平台发布。同时,它也像是一台驱动泵,把组织变革推进到每一个毛细管道。

从未来看,这种中央处理器方式的改造还要向上下延伸,包括各矩阵间统一的标准或者"接口",形成操作手册或机制,直至实现整个采编流程的全媒体化。近年来,以采编智能化技术开发为主要牵引的流程改造又成为新的潮流,这使得原来的一条条"流水线"成为围绕着数据采集、处理平台的一个信息发布中心。《人民日报》《浙江日报》《重庆日报》在这方面走在前沿。

未来最适合新媒体的内容生产组织形态是什么呢?没有人知道,但它一定是朝着适合互联网传播特点,能实现实时传送、数据共享、直接通过用户需求生产内容的方向发展。

适应融合战略的管理创新

内容生产的流程改造只是一部分,对报业集团来说,还有发行流程、管理流程等等。融合需要创新力,但传统媒体现有管理体制，对内生的创新驱动有一定的不适应性。

互联网流行的是团队活力，资源共享，而传统媒体强调的是条块分割；互联网流行的是用户需求驱动，传统媒体强调的是管理推动；互联网流行的是内生的创新冲动，传统媒体强调的是集体考核。原来的部门管理模式已不尽适应。

在融合大潮中，实践总是走在机制之前。拿《浙江日报》报业集团为例，前30年是一张主报，后30年变成拥有30多个媒体的媒体集团，而最近3年，在新媒体技术催生下，集团各级不断出现各类网站、论坛、微博，光是发展起来的微信公众号就有300多个，用户数百万。其他报业集团也是有过之而无不及。

这些喷发中的新媒体矩阵，还能以行政方式"一个萝卜一个坑"管理吗？采编内容与技术、营销的产业链闭环用什么方式实现，怎么把原有的人力、党群、工会、研究等机构变为融合一体的支撑系统，这些都在酝酿中呼之欲出。

第四节 项目制与虚拟组织

在互联网时代，技术迭代迅速，需求瞬息万变，却又方向不明。与传统的工业时代相比，标准化已经让步于多样化。许多随机变化，需要灵活的机制来快速应对。而固定的组织方式，做不到以不变应万变。

在这种情形之下，在许多以科技创新为主要导向的公司中，虚拟化的组织结构正在不断兴起。这些组织大都没有固定的层级或是法人资质，通常是面对市场某种需求或是技术开发需要，以项目制形式立项设置预算，通过自由选择或是竞聘临时组织团队，有点像战争时期的"别动队"，是企业资源、人力的一种临时性配置方式。

这种方式，却在媒体融合的进程中，被报业集团较多地采用，成为企业组织内部变革的破冰之途。特别是在做新媒体增量部分的时候，导入项目责任制管理，是许多传统媒体的路径选择。

2015年，浙报集团启动一场创新孵化大赛，由集团内的员工自由组合报名，有50个参赛项目进入正赛。这些创新小组由集团中有共同兴趣的人员自由组合而成，包括采编人员、信息技术人员、广告部员工以及版面美工等等，一个小组多的近十人，少的三四人，产品从服务类网站到移动端APP、微信公号等等。历经近3个月的申报、路演、评比、复评等比拼过程，最终共有20个项目进入了入孵程序。整个孵化的预算总投入达千万元。

在正式成为集团的孵化项目后，运作上采取的是项目制管理模式：项目的日常运营与生产等均由各团队自行管理；这些团队中的集团员工在项目内任职均为兼职，不脱产；人员的行政关系仍由各自原部门负责，但集团在新媒体中心成立一个部门，为每个项目各配备1个运营孵化经理和1个技术孵化经理；同时对进入入孵期后的每个项目不仅进行经济数字的考核，还对阶段性发展成果进行过程考核。

这种项目制还在发展中。新媒体创新孵化已纳入浙报集团发展的未来战略，孵化工作也从大赛制走入日常申报制，集团内所有符合要求的项目均可申报，每两月进行一次评审，选出可孵化项目。

2016 年 3 月起，《解放日报》进行了媒体深度融合整体转型，这在全国也是走在前列的。《解放日报》与《上海观察》的采编队伍融合中，内部组织架构进行了全新设计，实现扁平化管理。上海观察推出了 3 个中心、9 个频道、80 个栏目，其中栏目制是这次融合组织创新的核心设计。栏目实行主编负责制，主编享有策划权、组织采编权、发稿权、考核权、分配权，同时辅以合理有效的薪酬激励机制。报社原则上每季度对所有栏目进行评估考核，不合格的将予以淘汰。实行以后，效果比较明显，原创新闻的数量和质量都有了很大提高。

为什么在组织转型过渡阶段，许多报业集团喜欢通过项目责任制管理虚拟组织来进行组织创新呢？

一是适应多轨性。报业集团不能简单地等同于互联网企业，它有着引导舆论的根本使命，因此，它的内部组织革新，不能脱离根本使命的需要，也不能一味仿效互联网企业推倒再来。而虚拟组织，可以在现有的管理体制下，在资源整合、条块管理、薪资改革等方面进行局部大胆革新，又与原有机制并存。

二是适应不确定性。媒体融合，存在极大的不确定性。特别是很少有成功模式的现状，使得许多媒体融合举措，有着浓重的试验色彩。而项目制和虚拟组织方式，对这种不确定有着良好的适应性，在实践中，成功了，就进一步壮大，不行就解散。其负责人也可成功就上，不成功就下。

项目制及其虚拟组织在内部组织结构、规章制度等方面比较灵活，可以与原有机制兼容。根据创新机会和实际需要，按照要素组合的最佳方式进行，降低成本、时间和风险,同时又有良好的退出方式。

对传统媒体来讲,在进行前景未明的新媒体创新时,既保持原有的管理制度基本稳定,同时又推动机制创新,促进企业创新文化,是一举多得的选择。

当然,目前报业集团内部的一些项目制创新还只是个开头,需要更成熟的体系支撑。比如,项目孵化成功,这些创新的新媒体逐步壮大后,将来用什么机制来进行规制,"收编"成行政级别的事业部?"升格"为新的下属公司?还是在政策许可范围内引入股权激励制度?这些都有待于内生性创新机制进一步发展。

第五节　建设学习型组织

学习型组织是美国学者彼得·圣吉在《第五项修炼》中提出的新的企业管理和组织思维。他把企业管理分成两类,一种是等级控制方式,一种是非等级控制方式,学习型组织就是后者。它强调通过建立共同的愿景,通过团队学习实现纠错、创新等"修炼",实现知识经济条件下的一种柔性的组织体系。本质上,这是从发挥员工能动性角度出发的新企业组织理念。

随着《第五项修炼》在中国出版,这个概念也逐渐被中国企业界特别是互联网企业接受。在这些企业里,平时"藏在云雾中,寻常看不见"的企业创始者,却往往出现在各种培训、学习、讨论班上授课、讲话,以企业"精神领袖"身份"布道"。强化学习培训是他们针对企业战略实施、文化推广、供应链整合、知识管理扩充的一个手段。

报业集团学习效能缺失

当国内的报业集团向综合性融媒集团转变的时候，很快就会碰到学习能力与创新思维的短板苦恼，原有传统报业的管理、文化与专业知识，都需要进行较为彻底的更新。这种不适应主要体现在：

缺乏与报业集团发展战略匹配的学习体系。虽然目前许多报业集团推出了全新的发展战略，但是缺乏好的学习体系将这种战略意图贯彻到集团职工，特别是贯彻到中层管理人员和业务骨干思维中，与一些善于对员工"洗脑式"输送战略理念的优秀互联网企业相比差距较大，直接影响了战略意图的执行能力。

学习缺乏专业载体。目前大多数报业集团的学习培训工作还附属于人事处或是人力资源部，通常为一二个兼职人员，大多数学习通过临时性的学习班、政治学习或是不成系统的外包培训等方式进行。

学习内容比较碎片。在组建进行的学习培训中，思想教育偏多，管理能力（领导力）培训较少。知识类的培训较多，与工作绩效挂钩、实战性的系统性学习较少。培训呈现任务化、应景式、碎片化的特点。

学习氛围不浓厚。报业集团属于知识密集型单位，文化程度普遍较高。但事实上，又有着思维开放性不强、学习主动性不强的特点，以致学习氛围不浓。

缺乏鼓励学习的机制。缺乏员工职业生涯规划、任职资格标准体系、员工胜任力模型以及与之相匹配的课程体系和评估体系，缺乏通过团队学习，让员工与企业共同成长的机制与氛围。

总之，在媒体融合的关键时刻，相当部分报业集团因为学习型组织建设的不足，在集团战略意图的全员传递上，在集团管理型干部的培养上，在集团媒体融合知识技能的学习上，都还不能很好地对集团的发展形成支撑。

从战略高度定位学习体系

传统的学习工作与建设学习型组织的最大区别，就是有没有把建立全员学习、终身学习、团队学习与集团发展创新结合起来，从战略的高度来定位报业集团新型学习培训体系的价值诉求和目标宗旨。是不是把报业集团的媒体融合转型，与提升人才价值，弘扬正确新闻观，再造企业文化，通过专业化、系统化、人文化的专业高效的学习体系建设结合起来。

当然，学习型组织只是一种方向。目前大多数报业集团的学习体系建设，大多集中于新闻从业人员新闻观、政治素质的培养，集团战略意图向基层骨干的灌输，管理型干部能力的培养，媒体从业人员融合观与技能提高，企业学习氛围营造。

建立员工学习成长机制

在学习型组织的构思中，学习一方面是为了保证企业业务发展的需要，使企业组织具备改进能力；另一方面，通过共同愿景，通过终身学习，实现员工个人与企业的共同进步。而最终要实现这一切，都需要组织制度的更新与保证。

　　这些驱动机制，包括建立各级管理者完成员工培训工作指标的考核和奖惩制度；实行学习积分管理、结业证书管理制度，将员工培训学习积分与其工资奖金、岗位晋升、成长机会挂钩；为重点员工建立学习与培训档案；建立学习协同机制，明确界定人力资源部门、培训平台以及子公司、子媒体在学习组织中的职责分工。

创办内部大学专业运作

　　按照一些优秀创新型企业的做法，部分报业集团也建立起自己的内部学院，作为学习体系专业化运行的载体，集中财力、物力、人力投资建设。2016 年，《浙江日报》报业集团就开办了浙报党校与浙报学院。在此之前，《南方日报》报业集团、《天津日报》报业集团、《湖北日报》报业集团等也以与大专院校合作的方式开办新闻学院等，进行新闻从业人员的培养。

　　课程体系是现代企业学习体系的核心之一。大部分优秀企业均走过这样的历程：从与专业培训机构合作、外购品牌授权课程，到建立内部讲师队伍、品牌课程内化、自主研发精品课程。传媒业缺乏市场开发的系列课件，自主开发是建立高水平员工学习培训课程体系的必由之路。

　　部分媒体集团已着手建设内部讲师队伍，很多管理者、专业与技术骨干兼任讲师。不仅加强了内部学习教材课程的针对性，降低了培训成本，同时本身也是人才培养的有效方法，让大家互学互助，有助于形成学习型组织的氛围。

　　加强 E-Learning 学习，建立网络学习平台，强化对培训的信息化管理，有助于实现全过程、全员学习。

第六节　新闻队伍建设与管理

2016 年 2 月 19 日，习近平总书记在党的新闻舆论工作座谈会上强调，媒体竞争关键是人才竞争，媒体优势核心是人才优势。要加快培养造就一支政治坚定、业务精湛、作风优良、党和人民放心的新闻舆论工作队伍。

互联网的兴起，不仅带来了生产方式的变化，也带来了雇佣方式的变化。知识经济时代的劳动者，其专业化与知识化，是本身最重要的职业资本，反映在工作方式上更加个体化，工作时间上更加弹性化，工作报酬上更加多样化。同时，职业流动性也更强。网络时代人力资源的配置规则，给正在融合中的报业集团新闻队伍管理和建设带来了挑战。

从目前的情况看，国内大多数报业集团的采编队伍呈现出以下一些特点：

采编队伍有稳有减

在各报业集团中，党报采编人员保持了相对稳定，虽然人员流动性高于过去，但是仍然能够保持对较高素质采编人才的吸收能力。部分较有影响力的党报，近年仍然保持了一定数量的人员增长，人才队伍的结构梯次保持较好。

报业集团通常把党报采编作为核心任务给予保证。在 2015 年进行的一次对国内省级主要党报的调查中，几乎主要党报集团都强调内容是媒体的核心竞争力，要让真正的优质内容占领市场，巩固阵地。同时，对机关报的纸媒端办报仍然保持着原有的采编力量，人版系数通常保持在10：1以上，最高的达到20：1，同时也没有削弱检查、校对的人员配备。

新媒体业务人员大量增加

近几年来各报业集团大力推进媒体融合，对客户端、微博、微信等新媒体人才产生强烈的需求，由于新媒体信息采播量大，工作时间长，从采编到运营，技术工种多，所以部分新媒体的用工数量增长很快。比如某上市央媒网络公司的员工数，达到近3000人。以某报业集团新闻网站（包括微博微信）人员配备（不包括技术经营）为例：采编280人、互动社交10人。工作分三班，早班6:00—14:00，中班14:00—23:00，晚班23:00—6:00。由此可以看到，新媒体虽然冠以高科技的名头，但其用工密度比传统报业只高不低。

媒体人才流失风险加大

随着网络社交化、媒体化的趋势，报业集团的人才也受到吸引，产生外流。特别是无线移动端人才容易被互联网企业、市场化的媒体吸引。近几年，由于薪酬、发展空间受限，职业理想缺失等各种原因，传统报业的吸引力在下降，一些网络公司对年轻人的吸引力在加大。一些互联网企业的内容生产更是集聚了原报业的大量人才。

技术人员招聘难度大

报业集团随着新媒体的发展，对运营、技术人员的需求很大。特别是技术人员，由于薪水与互联网公司有落差，单位性质也不同，因此技术人员招工难十分普遍。各个报业集团采取不同的策略。有的采用市场化薪酬水平招聘辅以项目化考核的方式吸引人才。如南方某报通过百万年薪招聘"移动媒体部、产品部、技术研发部"总监的形式，用 30 万—40 万左右年薪招到了这些部门的副总监；有的通过传统的新闻理想吸引跨界人才。如上海某新闻网站招到了曾在微软、索尼等公司工作过，又非常认同该新闻网站新闻理想的技术总监。

职业自信有所下降

由于受新媒体冲击，报业采编人员存在着对行业前景不看好、对新闻职业缺乏兴趣与信心的问题。

一次对某报业集团员工的内部调查发现，大多数一线采编人员感到工作压力增大。主要是在媒体融合之后，采编人员自我感觉工作岗位的要求更高了，压力更大了，主要集中在写稿、编版、微博微信等新媒体产品编写、传播指标的考核等。甚至有近半数人员认为，报业集团内部的工作压力已超过社会上同类人员的工作压力。

此次调查反映，对采编人员来说，成就感、工作经验、薪酬是职业愿景中最强烈的三个指向。而成就感的体现，排名最靠前的选项分别是：稿件的转发与被引用、稿件获得新闻奖，薪酬、职位提升、在社会上的成就（比如通过报道解决问题、收到感谢电话、积累人脉等）、开发出新产品也是成就感的体现。有 60% 左右受调查人员认为工作带来的成就感还不够强，忙于应付日常工作，无暇进一步思考和学习；一些耗费时间久、工作难度大的深度报道、调查类报道，无力无兴趣开展。

稳定和加强采编队伍

一流党报集团，必须有一流的采编人员和一流的媒体产品为依托。产业发展的根本目的还是为了提升舆论引导能力。采编队伍建设是舆论引导能力建设的重要一环，应该始终把充分调动每一名采编人员的积极性，凝聚队伍的荣誉感、责任感、归属感作为党媒发展的重要一环。在媒体的融合过程中，不能以削弱采编队伍力量为代价，避免在强调传播手段的过程中，削弱内容生产的质量。

充分发挥绩效考核的导向作用，加大向深度报道、调查性报道、独家新闻、优秀言论等"拳头"产品的倾斜力度。设计良好的业务晋升通道。《解放日报》的首席记者、首席编辑制，其收入接近集团管理层，鼓励更多的采编人员沉下心来进行精品创作。

要防止党媒人才培养中的纯市场化导向。特别对于党报工作者，不管是采编还是营运、技术、经营人员，都要坚持政治素质标准，坚持党媒工作者的党性要求。浙报集团因此成立了集团党校，来做好全体职工的思想政治理论、马克思主义新闻观教育和业务培训。

构建适应媒体融合的人才培养和管理机制

报业集团都存在着事业与企业两套用人机制、两种人员身份并存，并带来管理上的问题。逐步解决事业与企业不同身份人员的一体化管理是各报业集团在着力探索的问题。

全员聘用制：近年，各大报业集团纷纷推进全员聘用制，从固定用人向合同用人转变。事业编制的职工签订事业聘用合同，企业身份的职工签订劳动合同，并实行双向选择，竞争上岗，打破事业身份终身制，探索人员能进能出、岗位能上能下、待遇能高能低的用人制度。

同时，许多报业集团借助旗下公司上市契机，积极推进相关员工转换"身份"，进一步推动现代企业制度建设，规范公司治理结构，实现体制机制的转型升级。

按岗定酬：身份的区别、职称的不同、职务的高低，带来收入上的差距。面对媒体融合中各种年龄、身份、工种差异增多的现状，探索建立一个科学合理、有利于调动职工积极性的分配机制，是报业集团事业发展必须破解的一个难题。

第七节　报业组织机制创新避免"陷阱"

传统媒体要与新媒体深度融合，就要进行组织机制的创新与改造。目前对大多数报业集团来讲，这种认识和动力其实都不缺，缺的是在组织机制的融合创新上，没有模板可套，因此成为一种摸索中的创新之路，显得十分艰难。

有几个问题因此值得思考：

脚跟要稳。在全面融合的过程中，传统媒体不能依样画葫芦，照搬照抄互联网企业，怎么时尚怎么来，融合变成迎合。

党媒自身的属性，决定了它不能忘记自己全面融合的根本使命：更好地占领舆论主阵地，更好地发挥主流媒体对社会的引导作用。因此，在与新媒体的融合过程中，组织机构的变化不能简单地"互联网化"。比如，不能在引入点击率考核时弱化了应有的导向管理体制；不能在综合服务时，用经济指标弱化影响力指标。传统与新兴媒体的深度融合，不是吞噬与被吞噬的关系，而是借力互联网创新，增强自身的影响力和舆论引导能力，成为新型的富有生机的传媒集团，而不是一架利润机器。

防止采编队伍边缘化。报业集团，本质上来讲都属于内容生产企业的范畴。在相当长一个阶段里，内容还是传统媒体集团的核心竞争力所在。目前传统媒体融合新媒体的过程中，通常是主攻增量，带动存量，往往一个集团内，新旧媒体"一半是火焰一半是海水"。从事新媒体要钱要人都容易，各种倾斜，成为领导宠儿。留守纸媒的采编人员容易受到冷落，心理上也容易产生落差和不安，这些在组织制度变化时要得到精心考虑。要通过全员培训等方式，带动起尽可能多的员工投身于这场融合革命之中，而不要让他们产生抵触心理。

重塑党媒特色的企业文化。《马云内部讲话》里说过：什么是组织，组织是靠什么团结起来的？组织一定是靠共同的使命团结起来的。组织里面无非就是由使命、机构和一批有梦想的人组成。

新经济的核心是人，而最好的企业组织就是让员工共同发展的组织。今天的传统媒体处于非常时期，是危机还是机遇，只是不同角度的不同理解。但是，一个好的组织和企业应该把企业前途与个人理想结合起来。传统媒体需要引进创新、自强和以人为本的互联网文化，也要重振主流媒体充满社会担当和新闻理想的传统文化，从而让传统媒体重新变得富有朝气和活力，这比奖金考核更重要。

在更大的宏观层面上，将来的大型媒体集团，都面临着跨界融合的飞跃。在可能出现的跨媒介、跨地域甚至跨行业的过程中，报业集团要面临组织结构和管理模式再造，学会用融合生产、组合营销甚至资本纽带去组织和管理未来的新型传媒集团。

第十章
新媒体格局下传统报人的转型

　　媒体的融合发展，一定少不了媒体人的转型发展。媒体融合发展，多平台发布、全媒体的新闻生产方式对传统的新闻工作者提出了新的更高的要求。在传统媒体发展面临瓶颈时，有不少媒体人选择了离开，但更多的媒体人走在融合发展的新路上。

　　以下是四位从传统报纸采编岗位走向媒体融合型采编岗位的报人自述。

第一节　从文字到数字
浙江新闻客户端编辑童桦的自述

融合之后的新闻工作才更有嚼头

　　我在 2009 年考入了浙报集团，成为《浙江日报》文化新闻部的一名记者。

　　2014 年，新闻客户端出现在了用户面前。集团为此成立了数字采编中心，研发新产品浙江新闻客户端，并开始正式运营。我也随之进入数采中心担任编辑。

细想这过去的六年，自己从《浙江日报》的记者成为集团数字采编中心的编辑，这岗位调动的轨迹恰好伴随着纸媒传播环境的变化而变化。而当我再回头看这过去的六年，又会发现自己已经在不知不觉中，走在了纸媒人转型的征程之上。

"标题要信达雅，前后要对仗，字数不要多。"
——纸媒老编
"能不能拎出一个有趣的点，博人眼球还能表达清楚？"
——新媒小编

都说标题是文章的眼睛，如何为自己的新闻取一个好标题，便成了我迈入《浙江日报》大门之后的第一堂必修课。

标题是新闻的眼，同样也是记者在了解事情经过之后想要向读者表达的点。它可能是一个，也可能是多个，但是只有在标题确定之后，思路才能顺畅，才能从众多采访素材中抽取出自己想要的又符合事实本身的东西，并将其烹调，最后交给读者。

作为党报的《浙江日报》，在标题的取法上和都市报的直白和博人眼球不同，它要求更多的是一种提炼、一种精粹、一种意境。在这一点上，我在文化新闻部的四年里得到了长足的训练。

作为一名文化记者，日常所接触到的大多是省内的著名学者、文人以及文化界专家，我对标题的提炼水平在和他们的沟通交流中日益增进，部门里的资深编辑们同样是文化人，他们对稿件标题的再次提炼功夫，同样让我叹为观止。

本以为，有了这样的本领已经能让自己顺利工作，但是当我转岗到集团数字采编中心操作浙江新闻客户端时，才发现自己想得太过简单。作为一个集纳大容量新闻，讲求速度和眼球效应的产品而言，如果再以《浙江日报》做标题的模式去做客户端新闻，难免会遭遇到无人问津的下场。

在这一点上，已经在为客户端打造新闻内容的小编们给我上了一课。在他们的眼中，《浙江日报》的这些标题，太偏重概念，又太高屋建瓴，客户端的用户并非全是文化人，他们中有干部、教师、学生、工人等，成分复杂且口味多变，如果一味地用信达雅的标题去做新闻，难免在快节奏的新闻更新中，抢不到他们的注意力。

"标题最长可以做到24字，能不能做得有趣点，博人眼球一些，能不能再强化新闻中的某个元素？"面对这样的提问，我意识到客户端新闻的标题工作，其实就是回归到新闻的本质。因为，一个好的客户端新闻标题，本身就是一条好新闻。

毕竟，新闻只有用户愿意点击进入阅读，才能发挥出它传播的价值。面对不同的用户群体，我认识到了这一点，因此我对自己从纸媒到客户端新闻标题取法上的转型革新得最为彻底。

只有取得了"阳春白雪"，也做得了"下里巴人"的标题的记者、编辑，才能更为全面地认识到读者究竟在哪里的问题，这算是我转型之路上的第一个感悟。

"一个版的文章 4000 字，最好分三块，每块之间要有逻辑顺序。"

——纸媒老编

"4000 字的文章谁看？短小精干的新闻才符合用户阅读习惯。"

——新媒小编

不得不说，新闻的传播形态一直在变化。在六年的新闻从业实践里，我有时候会疑惑，自己所得到的进步是否跟得上如此快速的更新节奏。

回想起在《浙江日报》时，当时的老编们经常告诫我，想要成为一名合格的党报记者，除了会写各种短消息外，还得掌握采写长篇通讯的技巧。

而动辄一个整版的各种人物、事件通讯，甚至是杂文、散文，就成了压在我肩上的重担，也成了我努力的方向。

众所周知，党报版面金贵，每天只有寥寥数版，平时想要刊登一则消息可能都要等上好几天，更不用提想刊登一篇长文了。得益于 2010 年的改版，《浙江日报》开始有了文化周刊。

我身在文化新闻部，便能在每周五得到一次珍贵的周刊机会，也才开始琢磨，如何才能把一件有意思的事见诸于一个整版之上，并且写好它。

我接到的第一个整版报道任务，是写一组关于海洋科技的文章，前后四个版，来抒发浙江开始进军海洋科技的情感，并以广州这个他山之石，来印证浙江海洋科技美好的前景。

为了做好这组报道，我和同事们一起前往广州的海洋大学、阳江的沉船遗址博物馆等地，四处吸纳各种有用的素材。从采访到最后完稿《我们赶海去》这组报道，前后共计花费了大半个月时间，其中封面版《我们赶海去》这篇散文，不仅得到了总编辑的赞许，也荣获了浙江新闻奖。

但在客户端里，讲求的是拥有微博的快速和精干，微信的活跃行文方式，以及纸媒的客观准确。在这里，如果仍旧按照原有的采写套路按部就班，可能还没等你的长文出来，新闻热点早已成明日黄花。况且，在用户拥有多个渠道了解新闻事实的基础上，他们也早已没了耐心再等待你的纸媒节奏的产品。

于我而言，这是一次脱胎换骨的改变。原有的风格是否需要摒弃？新的风格怎么养成？两种风格能否融会贯通？

在数字采编的工作实践中，我时刻在训练自己，将两种风格糅在一起，形成符合新媒体趋势下的自身风格。

新媒体报道是否真的只要速度，不在乎准确和深度？这答案显然是否定的。我发现，新媒体的报道同样可以在抓住热点的第一时间基础上，同时进行深度解读和后续拓展。但这要求编辑首先要对新闻事件的发生有预判能力，能够在新闻即将发生前准备好一系列的数据储备，而这一项能力恰恰是最难的，因为这需要编辑本身对生活有沉淀，也要对所有即将发生的事情有浓厚的兴趣及素材的整合、提炼能力，才能在众多的新媒体报道中，独树一帜。

新媒体的报道，又是否只要字数少就能吃遍天下呢？这个答案却不绝对。的确，对于大多数的党报新闻而言，如果原封不动地放到客户端上，确实乏人问津——意向化的标题，动辄几千字的内容，主题单一的报道，即便进行缩短处理，也很难引起客户端用户阅读的兴趣。

那党报的报道该如何处理，才能在客户端上迎来阅读高峰呢？一年中，我对许多稿件进行了试验：关于省领导的某些报道，其实不一定要完全照搬党报，而只要取其精华，将其放大做成标题，便可迎来用户的关注；地方典型的稿件，则需要在已见报新闻上重新梳理，重理逻辑，将其中最为闪光的一个点做充分，也可以获得用户的关注。

800字以内的短文并非"一招鲜吃遍天"。在人文、社科类新闻上，用户往往更偏爱阅读长文，只不过，这长文也不能将纸媒的整版文字照搬而来。只有贴近最近两天的热点，行文深入浅出，能够在每几段中以跳脱的文字和逻辑吸引用户，才能维持较高的点击量。

"站好记者岗位是对集团最大的贡献，也是对自己最大的负责。"
——纸媒老编

"要转型成为产品经理，只有理解产品，理解用户，才能做出更好的新闻。"
——新媒小编

"产品经理"这四个字，是近年来传媒业界喊得最响的概念之一。

我在刚听到这个词时，有着自己的理解：作为一名记者，对自己的稿子进行管理，不也是产品经理的一种体现形态吗？

但在我转岗至数字采编岗位之后，才对这一概念有了更深层次的体悟。

记者对自己作品的管理和营销，只是产品经理概念中较浅的一层。往深了说，如何运用自己的经验和技巧，做好自己的客户端频道内容，吸引用户的点击，以及做好线上线下的运营工作，提升频道用户数量，这才是产品经理这一概念所应有的含义。

这样的转型，确实很难。因为它要求自己不再单干，要有合作、分享的精神，更要有一定的小团队管理引导能力。

比如我曾经对接和负责过的地方频道，每日的新闻内容大多来自于频道所在地的各大门户网站、电子报刊、权威微信公众号，以及各分社自行采访创作的新闻和自主举办的线上线下活动等，关注频道的用户大多以本地人为主，这一特性也决定了地方频道在发展过程中的本地化特征。

这便是我关注到的第一个点，不再拘泥于频道内的一个标题，也不再拘泥于一篇稿子的内容如何，先从总体的角度去分析用户基础，这无疑给后续的工作埋下了良好的伏笔。

学会看数据，懂得对数据进行分析，这是我学到的第二个点。比如以生活新闻取胜的舟山频道，它在用户总量并不高的基础上，在 2015 年 7 月和 8 月两个月中，获得了 30 次当日用户点击量（pv）排入 11 地市前 5，31 次当日独立用户访问数量（uv）进入 11 地市前 5 的成绩。

而从具体的新闻选材来看，舟山频道已经出现了生活类新闻独占鳌头的倾向。比如《传言市场出现"注胶虾"真的吗？看舟山商贩怎么答》《老船长告诉你鱼的哪些部位最好吃》《开捕第一网到货 想吃白菜价的梭子蟹有点难》等 13 条新闻，均进入了当日浙江新闻客户端排名前 50 的新闻序列中，其中部分新闻还以持续的眼球效应，在接下来的数天内一直位居高位。

作为一个以海鲜为标志的城市,舟山频道在内容生产的发展过程中,已经确立了主打生活类新闻的特色,并以此吸引了更多用户的关注。数据统计显示,舟山频道 2015 年 8 月的用户点击量比 7 月提升了 15%。

根据这份数据分析,我带领我的小组对舟山频道进行了有针对性的服务,涵盖新闻选材、内容建设、活动设计等,比如"东海音乐节送门票"系列活动的稿件,一经推出便评论数猛增。

这些评论有的来自于长期在频道内潜水的用户,有的则来自看到朋友分享后被活动吸引,继而安装新闻客户端的用户。不仅如此,在活动稿件推送期间,频道内其它稿件的评论数量和访问量也有所提升。

"新闻 + 服务"理念的盛行,已经让新闻工作者不单单是站在一旁报道客观事实,而是在这基础上,运用自己的资源去为一个地方的用户提供更多优质且不同质的服务,两者间的粘连,才是新闻产品最大的意义所在。

我学到的第三点,即是新媒体和纸媒之间仍旧可以联合,只是在同一主题的产品形态上,将会有所不同。

比如舟山频道的《舟山某幼儿园遭遇班级"强拆",家长该带孩子罢课?》这则新闻,分社记者刊登至客户端上,瞬间吸引了用户百余条评论,更引起了舟山当地教育部门对此事的重视,提出了一揽子的解决方案,最后分社记者还对此事进行评论,并刊登在了《浙江日报》上,实现了传统媒体和新媒体之间同一新闻内容不同角度的整合。

有人问,你是觉得做一名纸媒记者有成就感,还是一名新媒体编辑有成就感？面对这个问题，我想说的是：在当下新闻渠道越做越宽的大环境下，只有将两者融合起来的新闻事业，做起来才有嚼头。

在不远的未来，或许还会有更多形态的新闻产品出现，但是经过这次转型，我的理念变了，我的采访方式更为融会贯通，面对一个题材，我的脑子里会闪现多种平台不同的报道方式。

我想，这就是我在新闻事业中最大的收获吧。

第二节　从图片到影像

浙报集团摄影记者李震宇的自述

摄影记者在媒介融合下的转型

在新媒体的冲击下，传统的报纸行业受到了严重的生存挑战。身为摄影记者，深切地感到"寒冬"袭来。

比如在美国，一些具有百年历史的老牌报纸将摄影记者全部裁员。2013 年 5 月 30 日，美国《芝加哥太阳时报》宣布裁掉整个摄影部，下岗名单包括普利策奖得主约翰·怀特；遇上重大报道，报社将聘请自由摄影师拍摄图片。

国内的摄影记者也面临着新的变化。随着传统纸媒的萎缩，版面逐渐减少，加上近年来报纸对图表的青睐，对图片的需求在减少；大众摄影的普及，报纸上更多出现来自"网友""通讯员"的照片，传统摄影记者的"饭碗"越来越不好端，都市报的摄影记者感受可能更明显。这是当下大多数摄影记者所遭遇的窘境。

澎湃新闻招聘引发的冲击波

2015 年 8 月初，澎湃新闻发布新的招聘信息，立即刷爆了国内新闻摄影从业人员的"朋友圈"。

"澎湃新闻"宣称，其即将成立的新摄影部将不再招聘技能单一的摄影记者。团队需要的是全能型的"影像新闻记者"或"视觉记者"。新的用人决定意味着新进成员必须在会拍照片的同时，也具备拍摄、剪辑视频以及写稿的素养。

2015 年年底，推出"澎湃新闻"的上海报业集团也公开了 2016 年的招聘信息，这也是这一年上海报业集团最大规模的一次招聘，200 多个职位不仅包括《解放日报》《文汇报》《新民晚报》等这样的传统媒体，也包括像《澎湃》《界面》这样的新兴媒体。然而，200 多个职位的清单里却找不到招聘摄影记者的信息，我们看到可能与摄影有关的职位是全媒体记者、新媒体采编等职位，摄影记者消失在这个招聘的大名单里。这是怎么了？媒体不再需要摄影记者了吗？

澎湃新闻有关负责人表示，为了适应新媒体的需要，澎湃新闻建立新的摄影部，用人也提出了更高要求，团队需要的是全能型记者，不仅要会拍照片，还应具备拍摄、剪辑视频以及写稿的能力。对于新聘人员，必须按新建立起来的行业标准来要求。

南都以全媒体为试点打造全能型记者

作为国内较早进行全媒体转型的报纸，2009 年，南方都市报就提出构建"南都全媒体集群"，从单一媒体、单一品种的运作转为多媒体、全媒体的运作，建立全媒体的生产能力，向全媒体集团转型。这一发展战略的提出和实施，对采编流程的变更和采编人员的素质提出了全新的要求。

在南都看来，向全媒体转型，最终是要打造全媒体产品。从一个产品到 N 个产品，比如从相对单一的文字和图片，向视频、音频及交互产品转变；另一方面来自理念上的转变，一个好看的网络视频和一段引人注意的音频，绝对不是纸面内容的简单转身和"录制"。

南都视觉中心很早便开始了流媒体的探索，因为仅仅依靠静态图像来做新闻，已经远远不能满足媒体转型的需要。从形式上看，流媒体是集合了静态照片、动态影像（包括视频）、声音（现场同期声、后期编辑等声音元素）、交互图表等多种传播媒介的集合体，是一种立体的视觉传播方式。流媒体不等于视频，也不是"音乐＋照片"的 PPT，其制作者不仅是一个摄影记者，也是一个录音师、视频记录者、后期特效师，但更像是一个制片人、一个编导，这就是在全媒体框架下需要着力打造的全能型记者。

新闻客户端为摄影记者提供更广阔市场

传统媒体开始全面发力新闻客户端。2014 年 6 月，浙江日报报业集团的"浙江新闻"客户端正式上线，浙江新闻客户端内容涵盖浙江省内外、省内各地市时政、财经、文化、体育、民生服务各个领域。客户端在屏幕上呈现，因此在产品形式上，除了传统媒体常见的文字以及图片外，还包括视频与声音等多种形式，不受版面的限制，需求量远比传统媒体多，这就对供稿者提出了更高的要求。

面对崭新的市场，需要摄影记者跟上时代转型升级。2015 年年初，浙报集团图片中心成立了新媒体工作室（现在则将图片中心改为了影像视频部），工作室的目的是为了促进摄影记者向多栖化、全能型升级，促进新闻摄影产品向适应互联网传播转型，以满足集团媒体融合的需要。

此外，新闻客户端的推出，也更改了摄影记者的发稿方式。以前，摄影记者使用专业相机采访拍照，然后回到报社发稿，其中还需要经过下载照片、挑选照片、处理照片等步骤，最后还得配上文字发稿。而现在，从刚抵达现场那一刻，摄影记者就开始发稿，用手机拍照，配些简单文字发回总部，就能完成发稿；要求更高些，可使用相机的 WIFI 功能，通过手机网络传送高清图片以及视频产品。现在，连原来的文字记者，也开始配备"全媒体采访包"，进行全媒体的采访和报道了。

摄影记者转型需要的知识与技能

2015 年年初，浙江日报报业集团图片中心成立了新媒体工作室，工作室共有 7 人，由本人担任组长，主要从事部门新媒体的开发与推广，视频产品是主要工作之一。作为一名传统媒体的摄影记者，要从零开始，学习视频的拍摄与制作。

1. 摄影记者转型视频需要观念的转变

传统纸媒的摄影记者，一直从事着新闻照片的拍摄工作，他们的观念、思维更新比较艰难，做出来的产品往往还不是特别符合网络时代受众的口味。浙报集团图片中心主任徐斌认为，目前新媒体工作室碰到的主要困难和挑战是"不够新"，根源在于人的观念和技能"不够新"。对于摄影记者，转型视频最大的障碍不在于手，而在于心，摄影记者要想在全媒体时代中占据应有的地位，需要完成观念的转变，需要摄影记者跳出旧框框，不再只是单纯的照片生产者，还应具备拍摄、剪辑视频以及写稿的能力，以适应新媒体的需要。

2. 摄影记者转型视频需要观察方式的改变

摄影记者拍摄视频是有先天优势的，以长期积累的摄影功底，构图不存在问题，什么样的画面采用什么样的镜头，心中都有数。而软件方面，也很容易学习。最大的困难在于观察形式的转变，由十几张单幅画面的故事结构，转型到五六分钟或者长至四五十分钟连续画面的故事结构，需要考虑的细节问题更多。比如，采访一个新闻事件，新闻摄影往往只需要拍到高潮的那部分就可以了，视频要复杂得多，从拍摄角度，采访问题设计到同期声录音、到后期调色与剪辑，事无巨细，从一开始就几乎都要考虑到位，工作量几乎是成倍的增加。因此，这就需要摄影记者采访时不能再像以往那样，拍到照片就走人，而是在接到任务出发前，就得开始琢磨要拍到哪些画面，要采访到哪几个关键人物。到了现场，尽量多拍些画面绝对是必要的，因为到了后期，才知道缺少画面带来的"痛苦"。

3. 摄影记者兼顾视频仍需多磨练

摄影记者既要拍照片，又要拍视频，很难两全其美。特别是在一些动态事件的采访中，那些关键的画面往往稍纵即逝，以现有的技术，摄影记者很难保证摄影与视频能同步记录下来，这时要求摄影记者多媒体报道有些勉为其难，即使完成也会不够完美。在采访过程中，特别是素材的采集过程中，存在图片与视频取舍两难的境况——对于一个关键的瞬间，一个摄影记者必须在图片和视频中作出选择——这是相当艰难的过程。

而一些调查类的静态报道，兼顾视频则问题不大。本人曾在宁波农村采访草席制作的专题。由于采访对象较为单一，且几乎都是一些常态的镜头。笔者一个人完成了摄影、视频的采集以及整个后期的制作，这只需多花费些时间和精力即可。两度获得普利策奖的美国摄影师 Larry C.Price，目前是一位独立调查摄影师，为了生存，现在也成为了一名全媒体记者。Larry C.Price 曾做客浙报集团，为当地摄影记者以及爱好者进行了一次精彩的讲座。Larry 坦言，现在面对的挑战更大，需要写文字，拍照片，制作视频，采集音频，满足报纸、杂志、电视、广播、网站等媒体的多种需要。他也经常遇到的一个困惑，就如我们遇到的一样：我的本能会先拍照片，在鱼和熊掌不可兼得的时候，什么时候该拍照片，什么时候该拍视频？随着经验的积累，我已经慢慢找到一点规律。你需要靠自己的眼睛来观察，多磨练，拍多了就摸出门道了。

未来传统意义上的摄影记者可能会消失

传统报业的衰落与新媒体的发展必然会淘汰那些传统意义上报社的摄影记者，如果你还在等着回报社做图片写文字发稿子，等着第二天见报的话，肯定会被淘汰。新媒体为摄影记者带来了丰富的资源和潜在的巨大发展空间，摄影记者唯有转变思路才能变挑战为机遇。

1. 发挥"记者"身份优势，挖掘新闻

在照片泛滥的今天，人们更关注照片传达的信息，而不是照片本身。单就新闻摄影来说，摄影记者应该从"怎么拍"转向"拍什么"、"通过照片讲什么样的事"。摄影记者要充分发挥记者身份的"特权"——新闻报道权，深入、广泛地采访，深度化报道是展示一个摄影团队实力的重要方式。一个摄影团队之所以受到业内的尊敬，靠的是能经常推出重量级图片报道。通过镜头和笔头去关注更多的有价值的人和事，挖掘新闻线索背后的新闻，充分利用各种报道工具，最终从文字、照片、视频和交互媒体中选择最佳组合方式进行新闻传播。

2. 探索全媒体传播，提高入职能力

传统摄影记者之所以"沦落"，与摄影技术的普及不无关系，摄影再也不是一个需要专业技能的活。因此，摄影记者要想保住"饭碗"，提升自身技术水平显得尤为重要。摄影记者需要将摄影与文本、音频、视频等多种形式结合起来，充分利用电脑网络、移动互联网等多种传播渠道，实时发稿，完成新闻叙事，让影像的声音传播得更有影响力。

另外，无人机的使用也为摄影记者开辟了一个全新的角度，从空中看事物自然显得全面而大气，尽管如今无人机的普及程度也在迅猛发展，但相对于大众消费仍有一段距离。未来传统意义上的摄影记者可能会消失，面对新媒体的发展，摄影记者需要一专多能，实时发稿，才能更好地为新媒体服务，体现自己的价值。

第三节 从画版面到全媒体设计

浙江新闻客户端新闻设计师黄昕自述

传统新闻设计师的新媒体转型之路

2014年3月24日，一组报道浙江省委书记夏宝龙谈"五水共治"的可视化新闻在浙江新闻客户端刊出。通过微信公众平台推送，微信图文转化率高达8147.93%。这组报道涉及的是浙江推进科学发展的重大主题，话题严肃而且专业。在《浙江日报》数字采编中心视觉团队的处理下，通过数据与图表有效地解读了"五水共治"对普通居民的生活影响，并不显得枯燥难懂。

"与记者在某一个视野有限的观察点上对事物进行的观察与分析不同的是，有效加工的大规模数据可揭示更大范围内的或更接近事实的情状"。擅长把严肃的时政、经济类报道用可视化手段使之更加精彩耐读，一直是我们话图侠可视化团队的优势。

回想当年，面对这一时代，如何跟上节奏，顺应发展，引领潮流？作为一个媒体人，回顾从业的9年时间，我从传统媒体走到了新媒体，从纸媒走到了数字化媒体，从美术编辑到新媒体设计师，见证着媒体的转型过程。走在媒体转型的道路上，如何以不变应万变，如何保留精华去除冗余，如何优化资源配合媒体的融合发展，一直是我在思考和探索的问题。

从配角到主角的新闻制图时代

2006年从美术学院毕业进入新闻行业，带着对图片、视效、色彩的良好审美，我成为了纸媒的一名美术编辑。传统报纸传播信息的方式大都以单一的文字为主，以新闻标题博眼球。照片、信息图往往是对稿件的补充甚至点缀。在这个最初以文字为主的阅读时代，文字成为读者获取信息的主要途径，也成为新闻人传播信息的主要方式。

美术编辑的工作职责是画出美观的版面，优化阅读体验；同时信息图、插画、漫画是对于稿件的补充说明或对于版面的美化和包装，用以配合文字优化传播效果。确实，人们在阅读的时候，经常会被好看的图片吸引，图片有时候比文字更能吸引眼球，有趣的图片（特别是信息图）还能使文字形象化、生动化、具体化，表达文字无法叙述清楚的事物，让读者看图后可以轻松秒懂。

在工作中，我发现图片的作用已经不是单纯的配合作用，而可以成为新闻主角。带着这样的思考，我开始策划一些特别的选题，把传统的新闻配图演变成新闻制图，我开始尝试把影视、3D 等最新的新媒体技术融入报纸设计。于是，诞生了最具有代表性的策划《西湖半年发展大事纪》，即把西湖以三维立体的全景图的形式放到报纸上，效果非常好，以往要大段文字来描述的场景，只需要一张图便一目了然。立体而明晰的视觉效果，吸引了大批读者的关注。在初次尝鲜后，这一方式很快被应用到日常报道中，新闻制图成为了我供职纸媒的一大亮点，成为从文字中脱颖而出的传播方式，这让我感到十分欣喜。这是将传统媒体与新媒体融合的初次尝试，是稿件信息可视化的开端，是个人尝试媒体转型过程中的一大步。

随着数字化时代的发展，新媒体的发展速度日趋加快，传统媒体不断进行各种变革。从某种程度上来说，传统媒体从书刊到报纸、广播、电视，虽然形式上有很大的变化，但它们都是以机构为基本单位来加以运行的，可操作性和可控性很强。也存在过于循规蹈矩，在发展中失去创新活力的问题。作为传统媒体的美术编辑，我深知要打破这一桎梏，必须要不断提升自我，不停地思考。新闻的价值在于传播的阅读量和信息量，阅读是媒体人与读者沟通的渠道，也是两者进行互动的方式，如何提升阅读乐趣，是我们媒体人需要研究并且实施的重要方向，在很长一段时期，我都试图将阅读变得更加直观，试图从传统的纸媒阅读中找到突破。

探索信息可视化的品牌栏目

在移动互联网科技飞速发展的大背景下，2014 年浙江新闻客户端应运而生，我进入集团数字采编中心，组建了专门应对移动端为主的新媒体设计团队，职责涵盖了平面设计、UI 设计、交互设计、影视动画设计、插画设计、图片编辑等。我深刻地认识到，随着浙江新闻客户端的诞生，加快了媒体融合的脚步，面对掌上快速刷新浏览的页面，我强烈意识到在互联网移动端，人们对视觉效果的要求越来越高，稿件形式从单一的文字为主演变成集文字、图片、交互、视频各种形式。更多的 HTML5 交互作品、视频动画被大家保存在手机里不断传播和推广。我们清晰地看到，读图时代已经到来，信息可视化过程刻不容缓。针对内容复杂难以形象表述的信息，我们需要先进行充分理解、系统梳理，再使其视觉化，简单、清晰地向读者呈现。在信息快速传播的轻阅读、快速阅读时代，读者更需要视觉上的高品质享受，视觉传播的价值和效率变得越来越重要，正所谓"一图胜千言"，信息可视化让新闻内容变得更加有趣、易理解、易传播，而作为新媒体设计师，我觉得自己的责任越来越重，工作更具挑战性。

通过团队的齐心协力和不断创新实践，在浙江新闻客户端这一新媒体平台上，我们不断进行各种信息可视化尝试，得到了很大的收获。面对复杂、枯燥、深度的文字稿件，我们通过可视化处理，理清思路，提炼重点，帮助读者轻松读懂。例如《夏宝龙的"五水共治"》这一选题，通过精心编排使读者能够迅速看清全文脉络；我们通过可视化对政府中心工作解读，以漫画、图表等手段解说新闻，释疑报道，例如《一座农场的淘宝化改造》让读者在图表中轻松、直观地看懂原委；我们用手绘图片传达重大新闻，例如《大运河申遗成功》的预热、推出，在时效性和宣传性上都起到了很好的作用；对于大部分读者感兴趣的生活常识问题，我们制作成生动有趣的漫画、图表，让读者可以保存下来，转发、传播，如《二十四节气知识手册》以轻松的方式向人们讲述常识，视觉体验文艺而唯美。同时，我们间或推出动画新闻，在视觉和听觉上推陈出新，给新媒体读者以独特的感官体验。

媒体传播需要有自己的特色，即个性化与品牌化。本着浙江新闻客户端差异化竞争需要，为了打造个性化视觉表现形式，在反复研究与实践中，"话图侠"这一视觉品牌成功诞生。从纸媒到新媒体，我一直在寻找最有表现力的传播方式，而"话图侠"就是我认为最有代表性的转型特色产物：

通过每日推出原创可视化稿件，涵盖可视化长图、H5 交互、视频动画等在纸媒、PC 端、移动端等共同呈现，创造了成功的新闻可视化效果，一组策划，一次采访，多重编辑，分组制作，多端呈现。2015 年全国两会期间，"话图侠"推出《这些年，中央政治局常委们对浙江说过的话》一文，全篇使用时间轴作为梳理的主线，以图表的形式生动呈现，使读者一目了然，被国信办评为 2015 全国两会优秀作品。"'话图侠'擅长把严肃的时政、经济类报道用可视化手段包装，以图像来分析信息、梳理事件，用简单、轻松的视觉语言来表述关键内容，让受众对于新闻有主动需求。"集团数字采编中心负责人檀梅是这样评价的，也给了这一品牌栏目以肯定。

"话图侠"让信息传递更注重情感表达，让信息表达更注重趣味性，让阅读变得更加有意思。为了拉近读者和新闻现场的距离，我和我的创作团队不断在思考和探索，陆续策划了"线上美术馆""春运 360""探索神秘核电站"等主题的现场重现类稿件，通过特殊设备记录现场全景，使读者能够身临其境感受细节，让信息可视化变得更加亲民、亲切、真实。为了创造有吸引力的作品，我们用了比较法、点色法、图表法、箭头法等多种表现形式。我们的视觉团队工作日趋规范，效率也日渐增高，成为移动客户端这一新媒体平台重要的传播角色。与传统纸媒相比，新媒体的发展给人们的思维方式带来了巨大的冲击，人们对信息的获取路径不再是靠阅读传统的媒体，而具有更大跳跃性，更多的选择性和更强的筛选性，传统媒体转型在反复实践与创新中不断找到捷径。

关于媒体融合的设计师思维

2008 年，"全媒体"开始在新闻传播领域崭露头角，"全媒体战略"或"全媒体定位"这样的字眼不断出现。传统媒体行业内的全媒体发展以扩张和融合为主要方式，具体来说就是综合运用各种表现形式来传播新闻内容，这是一个开放的不断兼容并蓄的传播形态。随着网络时代的飞速发展，许多意想不到的传播形态不断丰富受众的媒体体验。在未来的道路上，全媒体将是信息、通讯及网络即时条件下各种媒介实现融合的结果，是媒介形态大变革中最为崭新的转播形态。全媒体发展是大势所趋，是基于传统媒体向新媒体发展后出现的必然结果，是数字化时代的必然产物。作为媒体人，我认为必须以更广阔的眼光来看待这一形态的发展，不断分析总结、与时俱进，时刻准备着顺应变革。

通过比较不难发现，纸质平台虽然在交互性、声乐动感方面不如新媒体，但是可控制性强。同时它的大版面可以给信息图有更充沛更丰富的展现空间，大图片可以让更多信息在一图中得以承载，更加全面细致地用图片述说故事。新媒体在设计上更加具有灵活性、技术性、传播性和感官性，但可控性相对较弱，极度依赖于技术、硬件的开发和使用。要充分说好故事，把内容做到极致，就是要尝试全媒体融合，发挥各端优势。随着科技的发展，尤其是互联网时代媒体转型速度加剧，传统媒体与新媒体已经开始融合互通。媒体融合不是简单的传统媒体加上新兴媒体，更不是传统媒体产出一些新兴媒体产品，可以说，媒体融合既不是简单的互联网＋传统媒体，也不是传统媒体＋互联网，它是一个全新的生态系统。

要构建新的融合媒体生态系统，传统媒体拥抱新媒体必须具备一些可操作的思想观念，作为在传统媒体时代入门，新媒体时代成长的跨界设计师，我正在有意识地进行融合实践：首先，我们的团队日趋朝着全媒体设计团队发展，搭建日益完善的人才队伍，团队人才结构从原来的以平面设计为主体补充至集平面、交互、影视等多工种相结合的综合团队，整个信息图制作流程不断优化，在稿件策划之初，就有意识地从多端优势进行考虑，力求多种平台、不同形式相互配合，同时设计人员的综合素质在实践中不断提高，创意不断增加；其次，这样的融合体现在表现新闻的方式上，我们注重培养产品思维，考虑作品的可传播性，多频道投放的完整性和协同性，在制作过程中运用各种技术手段，用文字、声音、影像、动画、网页等多种形式给读者以视觉、听觉上的享受，拉近了读者与新闻现场的距离，增加了新闻价值和传播价值；再次，我们注重紧密结合用户体验，在操作中运用大数据描绘出用户画像，精心维护用户社群，在可视化新闻的策划和制作上尽量满足用户需求。融合媒体时代，用户社区就等于数据，数据是最大的资源，我们注重开发用户的延伸价值，这些都是传统纸媒所不能及的，然而又是在纸媒发展的基础上进行的，媒体融合是革命性的"颠覆式创新"，需要媒体人有创新的头脑、大胆的理念和扎实的行动。

回顾在媒体奋斗的这些日子，传统纸媒的策划经验培育了我对图片新闻的敏感性，巩固了对新闻认知的理解，加深了对新闻制图的理念；在新媒体的开创与实践，促成了我对新媒体时代可视化信息传播的思考，加深了创办品牌栏目

"话图侠"的信心，丰富了多维媒体的制作经验；在媒体融合的大趋势下，我认为应该开拓思维，不断引入开放、用户、共享的理念，探索出更加行之有效的传播互动方式。行走在媒体转型的道路上，我觉得我是幸运的，一边行走，一边思考，一边探索，一边收获，媒体人最大的成就感就是看到传播实践所带来的影响力和感知受众互动的力量。我非常感激在传统纸媒的那些岁月和经历，特别珍惜在新媒体的每一个拼搏的过程，我愿意和大家一起擘画媒体传播行业的宏伟蓝图，为媒体融合与发展贡献自己的力量。

第四节　从技术人员到产品经理

浙江新闻客户端原产品经理汤恺的自述

虽然已经过去两三年了，但我一直记着浙江新闻诞生之前的那一段青葱岁月。

那年国庆节后，浙江新闻团队组建。我的任务是和唯一一位技术组同事一起，和从未合作过、同样也没有新闻客户端经验的上海开发团队做出浙报集团第一款新闻APP——浙江新闻。

时间紧，任务急，没有学习的时间，没有参考的对象，杭州团队有的是报纸生产的业务经验，上海团队有的是新闻抓取的开发运营经验，对于自主生产类的新闻客户端，真是两眼一抹黑。

印象中那年有半个冬天是在上海度过的。我们和开发团队在小会议室里封闭开发了一个月，每周7天，每天12小时在里面——后来那会议室都没人去开会了，那味道实在是吃不消。

很庆幸当初我们定下了一个原则，即"保证内容生产流程并能正常展现为第一要素"。得益于这个原则，短短三个月之后，第一版浙江新闻就上线了。杭州内容团队有了采编系统为浙江新闻生产内容。有了这最初的 0.1 版本，内容、运营团队才能运转起来，运转了，才知道如何改进、迭代优化。

进浙报之前我有 4 年互联网公司产品经验，关于产品经理的工作感受，真是千言万语，很难用一篇文章来完整地讲述自己的体会和想法。所以找了几个最有感触的点展开一下。

做产品就像养孩子

一个周末，我以"带儿子了解中国"为名带着六岁的儿子去苏州玩了两天。逛了很火的诚品书店、中国四大名园之一的拙政园，还有贝聿铭设计的苏州博物馆。回家的路上，儿子说"苏州是我最喜欢的地方"。我觉得非常欣慰，自己精心设计的旅行路线得到了儿子如此高的评价。问及苏州哪几个地方你最喜欢，儿子回答"苏州有很多我最喜欢的东西，立交桥的大转盘啊，可以爬的假山和新买的大红龙玩具……"

儿子的回答让我哭笑不得，但确实反映了一个事实，即我希望带给儿子的一些信息或者体验，根本不是那小子关心的点。这让我想到了自己的工作，上面这种"哭笑不得"，很有可能在我们设计的产品中广泛地存在并发生着。

作为一个产品经理，产品需求的出口，或多或少影响着最终面向用户的是个怎样的产品，大到整个产品的定位，小至一个功能的设计甚至一个按钮的摆放。奉"以用户为中心"为圭臬的我们，究竟如何打造一款用户想要的产品？这绝不是一个拍脑袋的过程，而是一个系统化的调研分析工程。

以浙江新闻客户端为例，我们为浙江新闻建立了两套用户调研分析体系，一套是用户调研体系，主要作用在产品设计之前，通过用户访谈、焦点小组、可用性测试等科学方法，完成对现有用户或潜在用户的心理期望、行为习惯、产品设计等方面的要求，从而更有针对性地进行产品设计和优化；另一套是用户行为收集和分析，主要作用在产品上线运行之后，通过在客户端中进行用户行为埋点，获得用户使用我们产品的真实行为数据，再由产品团队进行讨论分析，找出数据背后的问题并加以优化，该方式需要技术和产品配合完成。

当然，有一个很关键的问题需要特别提出，无论有多少种"完美"的方法论，都不能一蹴而就地解决产品设计的优化问题，我养了6年的儿子我都还吃不准他飘忽的口味，何况浙江新闻上千万的用户。我们产品组有个同事经常说"做产品就像养孩子，是一个细水长流的工作"，我深有感触。

做好自己的事

我的领导嘴边老是挂着一句话"做好自己的事"，同样我也有感触。感触在两个方面，一个是在单位内部，各部门之间的"做好自己的事"。这块大家比较好理解,比如我们浙江新闻的背后,内容、产品、开发、设计、运营等团队各司其职,各有侧重,又通力合作。另一方面,是我产品经理、我的领导、我领导的领导这种纵向的"做好自己的事",我们知道产品设计从大到小分多个层级:

1. **战略层**。该层级决定了产品定位、目标和用户群,后续所有的动作都是围绕这个战略目标来展开的,所以战略层必须由单位高层来清晰定义,同时需要向下级传达,该目标不能频繁调整,除非进行战略型调整。以浙江新闻客户端为例,该层级确定了浙江新闻是一款面向浙江用户以及在省外对浙江关心的人提供新闻、资讯、服务等综合平台,该目标从产品诞生之前即明确,我们也一直围绕此目标而努力。

2. **范围层**。该层级明确了产品范围,从较高的层面框定了如何实现战略层定下的目标,该层级仍然处于抽象阶段(离具体界面设计还远着呢)。还是拿浙江新闻举例,在这一层级,明确浙江新闻有"新闻、服务、本地、发现、我的"五大板块,新闻内容分为频道、栏目两个层级,建立头条、时局、地市、人文、生活、视觉、订阅、活动、政情、读报、专题等频道,订阅频道聚合所有栏目,服务主打政务服务,本地为当地人民提供本地化的资讯和生活服务等等。

3. **结构层**。该层级主要完成产品主要页面结构设计和流程设计,既要承载范围层确定的所有内容或功能,又要方便用户快速地找到自己需要的内容。该层级已经进入交互设计范畴,有经验的交互设计师会花大量的时间优化结构层设计。IOS 的扁平化设计大家应该都听过，扁平化的核心思想就是在该层体现的。

4. **框架层**。终于，大家熟悉的线框图（原型、草图）来了，在这一层才会思考这个页面该怎么设计：是用列表还是用九宫格？是滚动自动加载更多还是用分页？当然这些设计对用户体验影响非常大，但前提是战略、范围、结构都差不多的情况下，才需要靠体验取胜。

5. **表现层**。这层级是大家更为熟悉的设计图，在这里，战略层定下的目标才会具象到大家最终看到的产品界面。

而由于前三层比较抽象，大家对第 4、5 层级比较好理解，往往提意见建议都是在这两层，而忽略或者跳过了 1—3 层，这样的产品设计和造空中花园无异。

另外，做好自己的事，重点在"做好"，并不是只做自己的事。对于我们 3—5 层的具体操作人员而言，不仅需要加强自身业务能力，让领导无需费心在具体产品设计上，还需要尽量理解领导高屋建瓴的意图，让自己的工作成果满足战略层制定的目标。

我们传统媒体在向新媒体转变过程中，理清楚这五个层级并"做好自己的事"，我认为会是转型成功的关键因素之一。

先有鸡还是先有蛋？

转型成功的另一个关键因素，我认为是理清产品和业务的关系。这里的产品指的是产品中的某个功能或理念，而业务则是支撑这个功能或理念的规则和执行。打个简单的比方，现在新闻客户端中的评论由于经常出现不合适的言辞，

所以要通过人工审核后才能发布。评论经过审核才能发布
这个功能，实现非常简单，但支撑这个审核功能的人员配
备、审核标准的制定这些业务方面的落实，则远没那么
简单。

最近创业一窝蜂，有句玩笑话说"CTO 是 CEO 寻找一
条活路的指南针"，很多 CEO 自己都不知道要干什么，让
CTO 做个产品出来看看效果，反应不错则整个团队往这个业
务走，反之则再做一个。这是讽刺一些创业团队，自己都不
知道要做什么就出来创业。

大家可能会觉得，那产品经理前期向业务方（比如我们
的编辑）了解清楚不就行了，先有业务再落实到产品嘛。理
论上确实是这样，而且很多互联网公司都是这么做的，比如
为什么会有阿里云，阿里云可不是产品经理凭空设计出来
的，因为阿里为了应对"双 11"等购物节带来的巨大访问
量，所以不得不配置了大量的服务器，但在平时这些服务器
显得有些浪费，于是拿这些平时空余的服务器组建了云，向
中小开发团队提供云服务资源。

但是很多传统行业的单位，确实到了不得不转型却又不
知道如何转型的尴尬境地。我们也常常面临这样的困惑，新
媒体业务也都在探索中，需要产品不停地来试错，从而牵引
业务发展。

所以产品经理需要站在更高的层面考虑问题，因为有时
一个简单的功能，背后隐藏着的可能是某个业务流程的再造
或者组织架构的调整。在传统媒体内做新媒体产品，我们不
仅要熟悉现有业务，更要摸索出一条崭新的业务线，以满足
传统媒体转型需要。

学得越多，知道得越少

产品经理这一称呼已然被用滥了，我有时都不好意思说自己是产品经理。因为产品经理做事范围太宽泛，很难具体说出自己的工作职责，连对产品经理的绩效考核都是业界一个头疼的问题。"人人都是产品经理"，似乎只要对所处行业有所了解并怀揣一颗改变世界的心就是产品经理了。

其实产品经理没有那么好当，我发现自己简直不是在工作，而是在修行。名义上产品经理把控着需求，实际上你会发现自己什么都控制不了，其中的辛酸或许只有自己才能体会。

我把我已走过的产品经理之路分为几个阶段：

第一阶段，无知无畏。在刚入门的那一年，我对整个产品生产流程以及所在行业一无所知，更多的是跟着前辈学习、帮前辈写文档。也是在那段时间，一个人写了100多页的产品功能规格说明书，把那款产品设计的角角落落都写了下来，文档写完，我成了公司内对那款产品最了解的人。那一年，也是我思维最天马行空的阶段。记得当初写一个视频会议系统的需求方案，我竟然把产品的运营方式、定价策略全都写了，现在想起来都脸红。现在有说法"什么都不会，只能做产品经理了"正是对那时的我最好的注解。

第二阶段，"有"知无畏。在这阶段，我熟悉了产品的生产流程，掌握了产品经理几个理论方法，比如什么目标导向、数据支撑等，于是乎就觉得自己出山了，似乎只是没有遇到合适的机会，也是在这段时间，我频繁地更换单位和部门。但现在回头看，这些都是假有知，而假有知带来的无畏则更是令我后怕。

第三阶段,无知有畏。我现在处于这一阶段,等我意识到自己的假有知状态并希望改变时,就如同自己突破了自己已知的那个小圈,来到圈外后发现自己的茫然。和各岗位的同事接触,我都能感受到自己以前知道的只是皮毛,或许意识到自己的不足才是最大的成长。与此同时,我又对这个行业心存畏惧,我意识到自己改变不了什么,唯一能做的就是提升自我。

第四阶段,我还远未到该阶段,但我认为应该是有知无畏,是拥有真正的能力,改变现状的能力,更可贵的是,他们还拥有改变现状的勇气,敢于革自己的命!

这是产品经理真正的巅峰,攀登巅峰之路,任重而道远!

附　录
媒体融合发展的浙报集团之路

第一章　建设互联网枢纽型传媒集团

一、浙报集团融合转型战略目标确立的背景

浙报集团的媒体融合转型是在一个明确的战略目标的指导下进行的。这个战略目标的确立不是凭空想象、一蹴而就，而是积极响应党和国家媒体融合发展的战略要求，深入观察分析并把握互联网传播的发展规律，从自身实际出发，在实践中不断探索、总结、调整，才得以逐步清晰，日臻完善。在其中产生关键性影响的因素主要是：

（一）移动传播形成体系

近年来，随着信息技术和移动传播技术的重大革新，新兴媒体形态快速发展，移动传播体系形成，从而导致国内外传媒格局和传播关系发生了重大变化，传统媒体所遭遇挑战之严峻前所未有。

（二）媒体融合成为国家战略

2014 年 8 月，中央做出推动传统媒体与新兴媒体融合发

展的重大战略部署,《浙江日报》集团作为一家省级党报集团,深入领会和把握党和国家要求,主流媒体集团抢占互联网舆论阵地、巩固壮大主流舆论声音,全面提升舆论引导能力和科学发展能力的媒体融合战略思想。

(三)互联网平台运营生态化

当前,互联网上各类应用以及它们聚合的各类资源、各类用户正在迅速聚集形成平台,使得平台的功能多样化,平台样态呈现枢纽型,即一个互联网生态级平台,这个平台能够通过各类应用聚合不同类型的资源,向用户提供不同性质和功能的服务,浙报集团领导层认识到,这就是互联网平台的发展趋势和发展规律。

二、确立建设"互联网枢纽型传媒集团"的战略目标

浙报集团在科学分析判断互联网传播发展趋势,深入领会和把握党和国家媒体融合战略思想的基础上,确立了以用户为核心,构建互联网枢纽型传媒集团的战略目标。

这一战略目标的核心是通过服务抓用户,通过对用户数据库的分析,把握用户需求,调动集团所能利用的各种资源来满足用户的各类需求;在此基础上,将媒体的功能从以往单一提供信息服务,转变为能够提供以新闻信息为主的各种服务,形成枢纽型媒体集团。枢纽型媒体集团的功能不再是简单地为用户提供内容,而是通过连接社会的方方面面,整合社会各种资源,通过打造不同类型的业务

平台，为用户提供多种服务。在这一过程中，媒体通过服务来连接用户，增强黏性，形成平台，并通过数据库建设，在数据导引下整合资源，来把握和满足用户的各种现实需求。这些连接不同类型用户的平台为枢纽型大媒体平台不断输入用户数据，并带来现金回报，这实际体现了"用户是市场，用户也是阵地"。在这里，"枢纽型"其实是基于互联网连接的媒体平台上，用户入口及用户数据库建设和应用的形象表述。

三、不断完善战略发展模型

浙报集团通过新闻传媒、数字娱乐、智慧服务三大用户平台所生产的各类产品，为用户提供多样化服务。新闻传媒平台的内容资源汇总之后形成了内容数据库，而新闻传媒、数字娱乐、智慧服务三大平台的用户数据都流入用户数据库，通过对用户数据的挖掘与分析，可以形成用户画像，促进平台内的各类产品为用户提供更精准的资讯服务、娱乐服务、政务服务及社区服务等等。在用户平台构建的整个过程中，文化产业投资平台不断为其导入技术、引进人才、导入资金和项目。此外，基于移动互联网、物联网的快速发展及大数据时代的到来，浙报集团将大数据产业作为其媒体融合战略升级的方向，从硬件和软件两方面布局，推进"互联网数据中心"和"大数据交易中心"项目。上述种种探索，形成了浙报集团独有的媒体融合发展战略模型（如图 1 所示）。

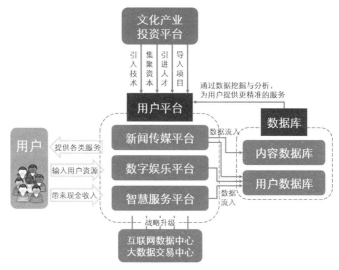

图 1　浙报集团战略模型图

第二章　传媒控制资本　资本壮大传媒

"传媒控制资本、资本壮大传媒"这一基本理念是浙报集团早在新世纪初就已形成的发展理念。它基于社会主义市场经济这一基本经济制度,深刻把握我国主流媒体的社会功能,从处理主流媒体的导向功能和自身产业化发展需要的高度出发,提出了处理传媒机构与资本之间关系的基本原则。具体来说,就是要求主流媒体集团传媒企业获得资本、掌握资本而不是被资本力量所控制,然后通过运用资本来壮大传媒的传播能力及综合实力。

一、传媒控制资本

在传媒控制资本的这条路上,浙报集团结合自身情况,主要以三个方式实现主流媒体对资本的掌控：第一是借壳上市，搭建资本运营平台；第二是成立基金，增强对资本的掌控能力；第三是组建队伍，确立自身的投资策略。

（一）借壳上市，搭建资本运营平台

2010 年 3 月 19 日，中宣部会同 9 部委联合发布《关于金融支持文化产业振兴和发展繁荣的指导意见》（银发〔2010〕94 号），旨在推动符合条件的传媒文化企业上市。浙报集团抓住机遇，启动了借壳"白猫股份"的上市计划。在多年形成的规范管理制度和良好业绩的支撑下，2011 年 9 月 29 日，集团成功实现在上海证券交易所借壳上市，成为全国第一家媒体经营性资产整体上市的报业集团。

由"白猫股份"更名而来的"浙报传媒"公司的成功上市，使浙报集团获得了一个能够进一步提高国有资本在意识形态领域的影响力、控制力的资本运作平台。在这个平台上，浙报集团上演了通过资本运营，成功收购"边锋浩方游戏平台"等一个个传媒控制资本的大戏、好戏。

面对上市公司的规范治理要求，集团公司积极推进发展理念、体制机制的全面转型。建立健全了从上到下、贯穿经营管理所有环节的内控机制，修订了 20 余项内部控制制度和 10 多个有关规范子公司运营、财务管理、人力资源管理的文件。通过推行全面预算管理、规范财务管理、健全内控制度、实行采编和经营分线运营等一系列改革创新举措，集团公司治理水平大大改善。

2011 年以来，传媒行业受到宏观经济的影响和新媒体的冲击，面临的挑战不断加剧，面对严峻形势，浙报传媒各业务板块克服全行业滑坡的巨大挑战和困难，营业收入和利润实现逆势增长。在利润承诺期内，2011年至2013年，净利润分别达到2.1亿元、2.4亿元、2.6亿元。承诺利润实现率分别达到109.04%、111.80%和107.83%。2014年净利润达6.1亿元，同比增长24%；2015净利润达8.8亿元，同比增长44.32%。

这五年内，浙报集团在传统主业经营方面的稳定增长，十分难能可贵，不仅为资本市场交出了一份满意的答卷，更为公司和集团转型发展赢得了时间和空间。公司2015年均市值达242.9亿元，比2014年增长近四分之一，比刚上市时翻了三番，浙报传媒也再次当选中国上市公司协会评选的"2015年度最受投资者尊重的百强上市公司"。

有了平台之后，公司的融资渠道被打开。2013年4月27日，浙报传媒通过非公开发行A股股票和自筹资金共计31.9亿元，收购盛大网络旗下的杭州边锋、上海浩方公司100%股权。2016年9月，公司非公开股票增发项目获国家主管部门同意，拟募集资金不超过19.50亿元，将资金全部投入浙报传媒"互联网数据中心"项目开发中。这两次增发对于集团整体的转型都是关键性节点，正是因为控制了资本，才能够如此大踏步地融合前进。

（二）成立基金，增强对资本的掌控能力

在浙报传媒借壳上市之前，浙报集团就已经通过各种方式积极拓展在传媒和文化产业及其他领域的股权投资业务。2001年，在文化体制改革的大背景下，浙报集团在国内同行中率先组建了资本经营平台——浙江新干线传媒投资有限公司，开始探索股权投资和资本运营。2008年，浙报集团又牵头组建了东方星空创业投资有限公司，先后发起或参与新媒体基金、新线影视基金、艺术品基金、游戏产业基金及游戏专项基金等项目。截至 2015 年 12 月 31 日，浙报传媒及其控制的机构对外累计实现投资共计 9.27 亿元，尚未出售的股权和项目市值超过 24 亿元，并储备了众多优质项目。

（三）明确自身的投资战略，组建自己的投资队伍

为了使资本能够为传媒所用，实现传媒控制资本的目标，浙报集团没有把投资权外放，也没有采用委托第三方公司进行理财的投资策略，而是建立了一支自有的具有资本运营能力的专业队伍，2011 年上市之初，浙报传媒投资部仅一名工作人员，至 2015 年已经拥有包含东方星空团队在内的 20 名专业投资人员。这个团队紧紧围绕着集团战略，谋划资本运作，实施集团和上市公司的投资并购活动。浙报集团以新干线、东方星空、传媒梦工场及浙报传媒集团股份有限公司为平台，投资培育新兴文化传媒类企业，参与国内文化传媒领域的行业并购，参与国内有影响力的文化影视项目投资等，逐渐成为跻身国内第一阵营的文化产业战略投资者。通过这些投资平台，集团积极整合资源，构建有利于集团转型升级的传媒生态链，不仅投资项目收获颇丰，还积累了投资经验，保证了对市场敏锐的嗅觉，让集团在转型路上的战略决策更符合市场潮流。

在传媒控制资本的理念指导下，浙报集团资本规模迅速扩大，资本运营能力迅速增强。由图 2 可以看出，2011 年至 2015 年，浙报集团所属投资板块、东方星空和浙报传媒上市公司的资产规模均呈显著增长。

二、资本壮大传媒

浙报集团始终认为，我国主流媒体控制资本的目的是为了有充足的实力提升传媒的影响力和传播力。在实践中，浙报集团近年来，在雄厚的资本实力支撑下，通过聚拢人才、集聚用户、搭建平台的方法全面推动新媒体业务扩张，推进媒体融合发展。

（一）建设"三圈环流"新媒体矩阵

2014年以来，浙报集团投入大量资金，打造了由核心圈、紧密圈、协同圈"三圈环流"形成的新媒体矩阵。核心圈包括"浙江新闻"移动客户端、浙江手机报、浙江在线新闻网站及视频新闻等四大媒体；紧密圈由边锋网新闻专区和新闻弹窗、云端悦读Pad客户端、边锋互联网电视盒子、钱报网、腾讯·大浙网新闻板块以及各县市区域门户构成，覆

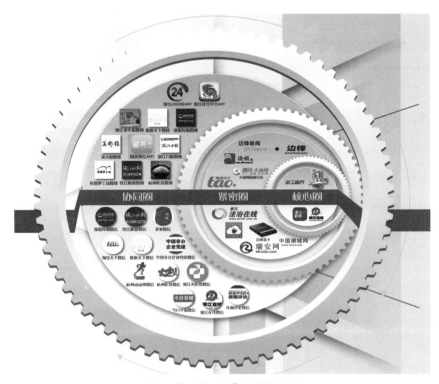

图2 "三圈环流"新媒体矩阵

盖各类用户 5000 万；协同圈以微博、微信等第三方网络应用和专业 APP 为主，目前，浙报集团媒体法人微博、微信公众账号及专业 APP 有 200 个左右，粉丝量超过 1500 万。2016 年 9 月，集团斥巨资建设的"中央厨房"——"媒立方"正式上线，大大提升了集团的内容生产能力和整合能力。

（二）并购互联网企业，获得建设新型媒体平台所需要的用户、技术和互联网人才

2012 年 3 月，浙报传媒上市后不到半年，公司即启动了非公开发行收购杭州边锋和上海浩方网络平台项目。经过一年的努力，2013 年 4 月 27 日，浙报传媒通过非公开发行 A 股股票和自筹资金共计 31.9 亿元收购盛大网络旗下的杭州边锋、上海浩方公司 100% 股权，借助资本力量获得了一个当时拥有 3 亿注册用户的成熟网络平台，拥有了国内首个国有传媒业资本控制的大型网络用户平台，获得了数以千计的互联网技术人才，为集团加快基于互联网的战略转型提供了强有力的支持和保障。

借助此次收购，浙报集团以边锋为核心搭建起数字娱乐平台，使之成为互联网枢纽型传媒集团"3+1"业务平台中的一个重要组成部分。集团和上市公司一方面整合各方资源，全力推动边锋网络平台的媒体化、竞技化、社区化和移动化发展，使边锋网络用户数和经营业绩持续快速增长，超额完成并购承诺利润；另一方面，加快布局影视、互联网视频和动漫产业，突破数字娱乐产业链两端的网络阅读和网络视频两大短板，加快建设完整的数字娱乐产业链，实现数字文化产品的滚动开发和用户互动。此后，在激烈的行业竞争中，边锋平台一直保持较快的增长，孵化培育了云更新、战旗 TV 等不少潜力巨大的项目，贡献了近一半的主营利润，对集团经营大盘起到支撑作用。

（三）增发股票，发展大数据业务

向大数据产业进军，是浙报集团新的重要战略方向。浙报集团确立以用户为中心的理念，在传媒公司中率先建立了数据库业务部，从阿里、盛大、华为等互联网公司引进 50 多名专业人才，近两年已投入 5000 多万元建设用户数据库。

2016 年，浙报传媒公司启动了非公开股票增发项目，拟募集资金不超过 19.50 亿元，全部投入浙报传媒"互联网数据中心"项目开发当中，力图通过集聚数据，推动数据存储、加工、清洗、挖掘和交易，最终形成一个覆盖大数据全产业链的开放性生态系统，向公众提供覆盖基础数据服务、数据挖掘与分析和数据交易的全产业链服务。浙报集团还将依托互联网数据中心和大数据交易中心，建立大数据产业孵化园，支持大数据及互联网方面的创业创新，形成大数据产业集聚，建设发展大数据小镇，推动浙江省形成全国大数据产业的发展高地。此举启动了浙报集团从信息总汇向数据总汇的转型升级。

（四）投资布局 OTO，提升综合服务能力

浙报集团领导层清楚地认识到，传统媒体在互联网时代原本专属的渠道逐渐失效，其主要是失去了与用户的连接平台。他们认为，线上线下结合的本土"OTO"服务是接触用户的有效途径和渠道，只有开展这些服务，才有可能与用户保持高频联系，建立起新的用户平台。浙报集团践行国家"互联网+"的战略方针，创造性地提出"新闻+服务"的新理念，坚持拓展各类服务，努力培育新的增长点，在政务、电商、

医疗、养老、区域门户集群等重点 OTO 项目上均有较大进展。

浙报传媒承接浙江省政府门户网站和浙江政务服务网系列入口的内容运营等相关工作，通过服务输出逐步构建浙江省政务服务互联网入口体系。"钱报有礼"经过近两年运营，平台定位与发展路线趋于清晰。网络医院基于医疗健康行业权威信息传播平台、智慧服务整合平台、战略投资孵化平台的定位，对预约诊疗服务平台进行改造升级，组建全球影像医疗云服务平台加快布局远程诊疗，并与浙江省疾控中心共同开发全国首个智慧疫苗接种平台。爱乐聚居家养老服务中心在全省 11 个地市布点达到 50 家，完成浙江省内全覆盖。

（五）运用资本获得 IP，打造综合型文化集团

运用资本获取 IP，打造综合型文化集团是浙报集团投资发展战略的一个亮点。浙报集团旗下东方星空通过股权投资，迅速开拓了网络阅读、影视、动漫、游戏、视频和衍生产品等领域，有利于集团构建完整的数字娱乐产业链。浙报集团出资 1 亿元增资天津唐人影视有限公司，参与拍摄的《裸婚之后》《秦时明月》等一批优秀影视作品，获得了良好的社会效益和经济效益。以边锋平台、唐人影视、浙江在线魔方书城、爱阅读等项目组成的原创 IP 方阵，快速形成了协同效应，有利于集团做大原创 IP 平台，在推进 IP 产业开发和交易的同时，探索数字娱乐产业链的滚动开发模式。

资本运作和产业拓展，不仅实现了浙报传媒主营业务的结构转换，其产业布局也发生了根本性变化，从 2014 年开始，公司互联网业务利润贡献已首次超过传媒主业。更重要的是，浙报集团已经形成了一个成熟、良好的互联网用户集聚平台和技术研发平台，集聚了 1000 多人的互联网专业技术人才，为集团推动传统媒体与新兴媒体融合发展创造条件，奠定基础。正是因为有资本的作用，浙报集团现在运营的《浙江日报》《钱江晚报》等 35 家媒体，读者超过 600 万；旗下新媒体端口 300 多个，以"新闻＋服务"集聚用户，活跃用户达 5000 万，边锋等大型网络平台注册用户达到 6 亿个。在中国社会科学院新媒体研究中心联合人民网舆情监测室发布的"2015 传媒集团'两微一端'融合传播排行榜"上，浙报集团位列全国"传媒集团融合传播排行榜"第三名，仅次于人民日报社、新华通讯社。作为中共浙江省委机关报，《浙江日报》以不可替代的权威性、公信力和影响力成为浙江省第一主流媒体，连续六年入选"亚洲品牌 500强"，八次入选中国 500 个最具价值品牌排行榜。《钱江晚报》位列世界报业发行 100 强、连续十年入选"亚洲品牌 500 强"，晚报都市类报纸竞争力全国第二。

由此可以看到，在充分承担政治责任和公共服务义务的前提下，浙报集团通过"传媒控制资本，资本壮大传媒"，实现了"抓用户"、"抓 IP"的融合型发展，推进了集团转型升级和科学发展。

第三章　新闻传播价值　服务集聚用户

浙报集团在打造互联网枢纽型传媒集团的进程中，提出了"新闻＋服务"的即"新闻传播价值，服务集聚用户"的新型发展理念，即以优质权威的新闻服务形成品牌和公信力，同时增强其他各种服务的公信力，使服务提供者可以因为提供优质新闻内容而更受到用户信赖，产生聚合用户的能力，然后以服务去构建用户平台，实现用户价值变现。

一、新闻与服务的逻辑关系

在互联网时代，技术的发展使得所有需求都可以整合在同一个平台上，实现一站式满足，传统媒体平台（新闻门户型）的路线已经走不通，必须把新闻传播与互联网服务融合起来，顺应用户需求的变化，推动媒体从新闻资讯供应者向综合文化服务供应者转变，即"新闻＋服务"模式。媒体可以通过提供各类服务聚集大量有效用户，这些用户同时也成为主流新闻传播的对象；同时，媒体原有的受众也可以成为综合文化服务的目标用户。以"新闻＋服务"的方式，实现用户"双向导流"，为互联网时代媒体实现可持续发展找到了重要突破口。

互联网时代，尽管传统媒体已经被去中心化，不再是全世界信息生产及传播的唯一中心，但是主流媒体集团的传播力、引导力、影响力和公信力仍然较高；浙报集团拓展各类服务，是基于其传播力、引导力、影响力和公信力进行用户价值变现，并不等同于社会上没有门槛的商业服务。浙报集团"新闻＋服务"的本质是将媒体当作一个社会信息中枢，基于其媒体平台的用户需求，运营一些需要公信力背书的、性价比较高的产品和服务，如网络医院、养老服务等等。

"新闻＋服务"的战略，实际上就是用新闻信息服务来完成媒体本身的基本社会功能，积累公信力，提升其传播能力，而以服务来解决与用户的连接问题，同时通过服务来完成用户价值变现，实现新闻业务的价值补偿和价值增值。

"新闻"给媒体带来品牌和公信力，使得媒体通过的"服务"更能够被群众（用户）接受；优质的"服务"会强化群众（用户）对媒体的了解和信任，使媒体得以以服务聚集用户，增强用户黏性，为用户数据库的形成积累数据，未来实现由信息总汇转变为数据总汇的战略转型。

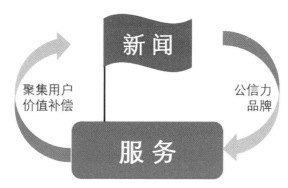

图 3 新闻与服务的逻辑关系

二、浙报传媒的"新闻＋服务"实践

浙报传媒的"新闻＋服务"的实践分为重要的两个方面：

（一）重塑传播逻辑

"媒体融合本质上是由外部性挑战驱动引发的深刻变革。技术进步带来了信息传播方式的变化，同时也改变了用户的需求以及满足用户需求的方式。媒体应该从以自身（传播者）为中心转变为以用户为中心，挖掘用户需求，顺应用户需求的变化，重塑传播逻辑，转变发展方式，以用户乐于接受的方式提供用户需要的内容和服务。"[1]

---

① 高海浩，《重塑传播逻辑 转变发展方式［EB/OL］》，新华网：http://news.xinhuanet.com/zgjx/2015-01/04/c_133894827.htm

基于这种观念，浙报集团构建"三圈环流"新媒体矩阵，为转移到社交媒体及移动端的用户提供新闻服务，还积极探索新闻可视化，改变过去单一的文字传播，以漫画、图表等方式呈现新闻内容，增强传播效果。此外，由于边锋网络平台聚集了大量活跃的游戏用户，浙报集团推动钱江晚报与边锋网络平台的融合发展，结合游戏用户阅读新闻的习惯偏好，推出了可视化、社交化、互动性更强的新闻产品，将主流新闻以更酷炫、更受游戏用户欢迎的方式呈现；经过尝试，边锋新闻专区运行效果超出预期，半年内日放量平均达到 550 万，最高时 1000 万，超过国内一半以上省级新闻网站。

（二）升级新闻价值的变现方式

浙报集团认为，以用户平台作为起点，发展用户，留存用户，在互动关系的基础上实现增值服务，才是互联网条件下的媒体价值实现之道。经过五年努力，浙报集团形成了政务服务、O2O 电子商务、网络医院、养老服务、区域门户集群等多种立体式服务。

政务服务：浙报集团正在开展与浙江省政务信息服务中心的合作，以期把政务服务接入集团服务平台，构建"政务服务 + 生活服务"的服务圈。

O2O 电商：《钱江晚报》推出钱报有礼电商网站，经过近两年运营，已在纸媒电商里排行第一，2015 年全年营收比上年增长 152%，目前复购率达到 56%，并开设了 6 家线下门店。

网络医院：网络医院对预约诊疗服务平台进行重装升级，组建全球影像医疗云服务平台，加快布局远程诊疗；旗下浙江省预约诊疗服务平台，截至 2016 年 8 月累计注册用户近 600 万。

养老服务：浙报旗下老年报公司正致力于以社区服务为中心，提供多方位养老配套服务，其"爱乐聚"居家服务中心在全省 11 个地区市和杭州市辖区的服务中心布点达到 50 家，完成浙江省内全覆盖，大力探索以大数据为支撑、媒体文化服务为内核的自主型居家养老服务模式。

区域门户集群：以浙报 9 家县市报为核心的区域细分媒体版块，在原有地方强势媒体的基础上，探索社区化、服务化，通过区域门户、盒子终端及线下文化服务综合体，导入多元化的公共服务和便民生活服务，满足社区居民的深度需求。

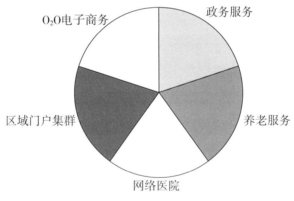

图 4　浙报的服务矩阵

浙报集团紧扣"新闻 + 服务"的理念，不断拓展和丰富媒体产业链及业务内容，新媒体、新业务亮点纷呈，多种系列服务聚集在一起，形成了浙报集团连接用户的平台，通过不断改进用户体验，增强用户黏性，既拓展了主流媒体舆论阵地，也实现了用户变现，对新闻服务进行价值补偿。

第四章　用户与平台的关系

　　媒体融合的关键是构建用户平台。用户平台主要由两部分构成：一是能够聚集海量用户的用户入口；二是拥有数据库并具备大数据处理能力。浙报集团积极打造新闻、娱乐、服务等各类用户入口，构建内容数据库和用户数据库，建设用户平台。

一、用户平台是"枢纽型传媒集团"的核心

　　用户是整个互联网应用的核心。在移动互联网时代，通过数据的统计和关联分析，网络媒体特别是基于移动传播网络和终端构建的移动传播体系，可以为信息的传播提供更精准、更智能的渠道，目标消费群不再是以统计特征来呈现的一团模糊的群体，而是一个个鲜活、动态的个体。用户成为具有清晰人口统计学识别信息、行为数据、需求数据、消费数据的独立个体，是一个清晰的、具体的存在（名址、人口统计学特征、行为特征）。专业互联网团队对用户数据库的标准是：用户基本信息库＋用户行为日志库，两者缺一不可。

　　平台是媒体机构与用户相连接的互联网空间，也是媒体向用户提供服务的场所。平台的核心是用户，在用户平台的基础上，将其他各项业务搭载在平台上运行。在平台上，媒体既要为用户提供信息服务，也要提供其他多种服务，不仅要让用户在端口看到信息内容，更要将用户吸引到平台上来

享受电商、政务等各种服务，通过多种服务来丰富媒体与用户沟通的途径，增强用户黏性。用户平台是网络空间里主流媒体的阵地和市场的结合点。依托平台既可以完成舆论引导，也可以实现规范的市场运作。

二、用户从哪里来？浙报集团如何建设用户平台

（一）用户转换和聚集

面对传统报纸作为用户入口价值的快速丧失，浙报集团在实践中认识到，提供多种类的服务是聚集用户、建立用户平台的重要途径。具体而言，浙报集团聚集用户主要通过四种方式：一是将传统报媒读者转化为用户；二是通过游戏平台导入用户；三是通过参与智慧政务服务聚集用户；四是通过本地服务拓展用户。

1. 将传统报媒读者转化为用户

2011 年起，浙报集团推动多元媒体形态融合发展，深挖媒体价值链条，加速新媒体发展，推动传统报媒从以内容单向分发为主的传播模式向以内容、产品、服务并举的社会化媒体演进。通过对内整合、对外联合，着力构建涵盖内容层面、经营层面以及技术层面的新媒体领域三大支撑体系，逐步将当时浙报拥有的 500 万读者客户资源转化为移动终端用户。

2. 通过游戏平台导入用户

2013 年 5 月，浙报集团通过收购杭州边锋和上海浩方网络平台获得了他们最看重的互联网用户资源，这次并购让浙报集团获得了 3 亿注册用户、2000 万活跃用户和 1000 万移动用户，为浙报集团推进融合发展提供了关键的用户基础。

3.通过参与智慧政务服务聚集用户

在互联网信息传播环境下，借助智能政务建设的需要，建构大规模用户平台，获得大量的用户数据，是媒体构建用户平台现实可行的路径。最早尝试参与智慧政务建设的是浙报集团旗下的瑞安日报社，他们依托自己的技术开发团队，为当地智慧政务建设搭建技术平台，并提供政务服务平台运营维护服务，以及线上线下活动策划服务，从而实现了借助政务入口，集聚用户，构建新型媒体平台。随后，浙报集团又通过积极争取，承接了浙江省政府门户网站和浙江政务服务网系列入口的内容运营等相关工作，组建了由一线业务骨干组成的"浙江政务服务网运营中心"。由此，浙报集团开始全面建设以政务服务为核心的智慧服务生态体系，从政务服务咨询、平台设计规划、平台运营等多层面提升了政务服务能力，通过服务输出逐步构建浙江省政务服务互联网入口体系。

4.通过本地服务拓展用户

地方主流媒体集团还可以通过发展以本地服务为主体的社区O2O业务，实现用户的聚合。浙报集团在社区电商、网络医院、养老产业等重点项目上均取得了较大进展。在社区电商方面，钱报有礼经过近两年的运营，平台定位与发展路线趋于清晰，已在纸媒电商里排行第一，目前复购率达到56%，已有6家线下门店；网络医院对预约诊疗服务平台进行重装升级，组建全球影像医疗云服务平台加快布局远程诊疗，与浙江省疾控中心共同开发全国首个智慧疫苗接种平台，截至2015年12月初累计注册用户457.57万人；养老平台加快在省内11个地区市和杭州市辖区的服务中心布点，完成浙江省内全覆盖。

目前，浙报集团拥有浙江省最强势的传统媒体平台以及同行业领先的自主性互联网用户平台，已建成拥有6.6亿注册用户（其中日活跃用户5000万）、600万读者资源的同行业最大用户数据库。而且，随着已经搭建并投入使用的"三圈环流"新媒体矩阵以及此前布局的智慧服务产业电商、养老、医疗等数据库的后续发力，用户数据还将继续增长。

（二）构建数据库

媒体正在从信息总汇升级为数据总汇，媒体融合的关键在于构建一个能够聚集海量用户的用户平台，并在此基础上建设数据库，采集用户数据，然后通过数据分析为用户提供个性化的精准服务。由此可见，构建数据库是传统媒体互联网化的基础工程。浙报集团在以用户为中心的理念之上，已着手构建以两大数据库为核心的技术平台，一是内容数据库，二是用户数据库。

1. 内容数据库

浙报集团构建了全媒体内容资源仓库，承载了浙报集团各媒体的全部内容资源和信息数据，包括集团采编资源库、全媒体历史资源库、全网资源库以及即将整合或合作的各种战略接口资源等，最终将构建以浙报集团为主导的"新媒体云服务开放平台"。从内容生产的角度来看，内容数据库通过对内容进行数据存储，让媒体工作者可以很方便地搜索和提取已有内容，也可以运用数据可视化、程序化写作（机器人写稿）等技术，以创新的形式生产新闻产品。内容数据库不仅要有"媒体数字资产"和信息发布之后形成的各种反馈产生的次生性数据，它的更大价值在于利用平台整合一些关系国计民生的重要产业的原生性基础数据，形成大数据库，利用数据挖掘、数据可视化等技术对这些数据进行深度挖掘，从而生产出更多样化的内容。从互联网信息的精准分发来看，内容数据库同样是信息精准分发的基础。所以，内容生产和内容的有效传播都需要内容数据库作为支撑。

2. 用户数据库

浙报集团构建了用户中心管理系统，形成用户数据仓库，包含6.6亿注册用户的注册信息及行为数据，其用户管理平台为各类终端媒体产品提供统一会员功能，可以通过唯一 ID 识别用户长期的阅读行为等数据，为大数据分析奠定了基础。从媒体的传播效果来说，用户数据库可以让信息有效到达传播对象。用户数据库可以让媒体了解公众真正感兴趣的话题和叙述方式，媒体应根据用户数据对用户进行分析，以用户最能接受的方式，提供用户真正需要的内容和服务。其次，从互联网信息精准分发的角度来说，信息的精准分发建立在用户数据挖掘和用户标签化的基础上，只有掌握了大量的用户数据，才能形成用户画像，了解每个用户的不同兴趣点，为用户提供有针对性的精准信息分发服务。因此，建设用户数据库是实现信息精准分发的前提，也是为了适应未来以信息推送为主的移动媒体内容传播方式。

三、打通用户平台，建设业务运营平台

近年来，浙报集团坚持以用户为中心，以大数据统领新闻传媒平台、数字娱乐平台、智慧服务平台三大产业平台以及文化产业投资平台的建设，实现各产业平台之间数据的互联互通，实现各产业板块的协同发展，为未来继续做大做强

"3+1"新型媒体平台奠定了基础。

浙报集团的上述业务平台，既是服务用户的平台，也是用户价值变现的平台。

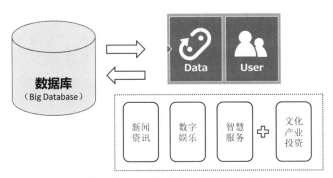

图5 《浙江日报》报业集团互联网枢纽型传媒集团业务架构

（一）新闻传媒平台

2014年以来，浙报集团按照传统媒体与新兴媒体一体化转型发展的思路，打造了"三圈环流"新媒体矩阵，构建了以浙报集团为主导的"媒立方"新媒体云服务开放平台。"媒立方"平台是一个SAAS平台，顺应移动互联网的发展趋势，直接以移动端战略为核心，力争助推集团在PC互联网切换到移动互联网的时代能实现弯道超车。该平台不仅是面向业务发展的平台，还引入了大量互联网"新"技术对媒体现有的基础技术体系进行升级换代，如数据库方面的Hadoop和Spark架构，前端部分基于H5的设计，以及非结构化数据库的思想。以这些重点项目为抓手引入的技术架构升级，可以使媒体的后台技术架构和互联网企业站在同一代的水平上，有利于面向互联网的进一步融合发展。

（二）数字娱乐平台

围绕集聚用户这个核心思想，浙报集团利用上市公司作为融资平台，通过资本运营并购边锋浩方游戏平台，并以此为依托，借助资本杠杆，将电子竞技业务注入游戏平台，整合线上线下各种资源，打造了一个数字娱乐平台。2015年，数字娱乐平台在激烈的竞争下实现了较快增长，边锋顺利实施三国杀业务拆分和竞技业务重组，集团投资的红鲤鱼院线补足了产业链渠道环节，爱阅读壮大了原创 IP 方阵，为数字文化产品的滚动开发和用户互动打下了基础，数字娱乐产业链日趋完整。

（三）智慧服务平台

在媒体融合发展过程中，媒体机构真正的价值实现还在于如何将汇集来的信息和数据以及自身的传播能力和社会资源的整合能力服务于社会生活的运转，发展出具有媒体资源特色的产业平台。浙报集团在智慧服务平台上，布局了爱乐聚养老服务业务，布局了智慧网络医院项目，集团旗下"钱报有礼"媒体电商平台不仅延伸了商业信息传播的价值链，创新了媒体商业模式，还为用户提供了商品交易服务。浙报集团的实践在业内产生了较大的影响，引得多个媒体集团效仿，将"在新媒体领域打造本地最大的民生服务平台"作为发展目标之一。[①]

（四）大数据产业平台

顺应大数据产业的发展趋势，浙报集团还把大数据产业作为全力打造的主产业平台之一，积极争取省内大数据产业的重点项目。2016年，浙报集团紧抓机遇，布局推进"互联网数据中心和大数据交易中心"项目，建立大数据产业孵化

[①]　宋建武,《以服务构建用户平台是媒体融合的关键》,《新闻与写作》, 2015.2.5

园，支持大数据及互联网方面创业创新，形成大数据产业集聚，建设发展大数据小镇，推动浙江省形成全国大数据产业的发展高地。在这一过程中，浙报集团将形成一个覆盖大数据全产业链的开放性生态系统，向公众提供覆盖基础数据服务、数据挖掘与分析和数据交易的全产业链服务，并将自身打造成以新闻资讯为核心的综合文化服务平台和数据总汇。

第五章　产品与平台的关系

产品体现平台的综合功能。在加快推进传统媒体和新兴媒体融合发展的过程中，生态级媒体平台所具备的枢纽功能必须通过多样化的产品体现出来，这些产品不仅为平台导入了用户，还为平台创造了新的商业模式。

一、产品与平台的相互依存关系

产品与平台的关系是相互依存的：一方面，产品基于各个子平台所提供的场所条件而生产，并依托平台发挥功能；另一方面，产品又是平台黏住用户、完成用户价值变现的具体载体。二者统一于运营用户这个总体目标中。

浙报集团提出的"新闻＋服务"概念，既体现了其媒体平台上产品种类的多样性，也创造了一种新型商业模式。具体地说，就是在原来只有新闻报道的单一产品结构上，增加资讯、数字娱乐、智慧服务等新型产品，并建立与之对应的多个平台。其中，新闻资讯类产品向用户免费开放，用来集聚用户、黏住用户，而数字娱乐、智慧服务类产品则作为付费服务，用来实现用户价值的变现。"免费新闻＋付费服务"是浙报集团创立的新型商业模式，就是要通过不同层次的平台和产品以及各个子平台之间的有机融合，实现"聚集用户—黏住用户—实现用户价值变现"的循环目标。

三大产业平台

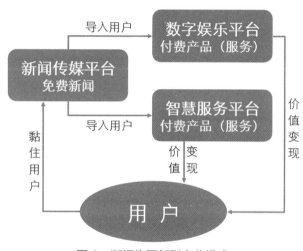

图 6　浙报集团新型商业模式

二、浙报集团的产品布局

（一）新闻资讯类产品：集聚用户、黏住用户

新闻资讯类产品是传统媒体的核心主业，是新闻传媒平台集聚用户、黏住用户的具体载体。从功能上看，端口型产品主要用于迅速集聚用户，内容型产品则通过优质内容来吸引用户、黏住用户。新闻资讯类产品是数字娱乐平台和服务平台实现用户价值变现的基础。

1. 端口型产品：集聚用户

浙报集团核心新媒体产品——浙江新闻移动客户端是浙

江省委、省政府独家授权的移动信息发布平台，定位为浙江政经新闻第一平台，目前安装用户已达到 1200 万。浙江新闻客户端深入贯彻浙报集团"新闻＋服务"的产品观，在新闻方面，浙江新闻客户端提供的内容涵盖浙江省内外、省内各地市时政、财经、文化、体育、民生服务各个领域，是省级媒体中用户数最大的新闻客户端；在服务方面，浙江新闻客户端已经实现浙江省 11 座城市的服务功能全覆盖，其"本地"页面汇集了全省 11 市的天气、交通、生活及新闻资讯，用户只需下载该 APP 并打开手机定位系统，便能快速了解自己所在城市的最新信息。用户还能通过这一客户端进行智能挂号、违章查询、模拟驾考等各式各类的政务服务及社会服务。省级新闻平台提供各地、市、县的新闻及服务，拉近了与用户之间的距离。

2. 内容型产品：黏住用户

首先，浙报集团旗下各媒体都在积极探索运用图文、图表、动漫、音视频等形式，实现时政新闻和重大主题报道可视化，以使严肃的时政、经济类报道变得更加精彩耐读，增强对用户的吸引力。2016 年 9 月 G20 杭州峰会期间，浙报集团各媒体纷纷创新内容产品形式，推出直播、视频、动图、H5 等各具特色的报道方式。浙江在线推出《昼与夜 | 换个角度看杭州，你会发现不一样的美》，运用动画技术，创新呈现杭州的动漫画风，引发好评如潮。浙江新闻客户端重磅推出的《最燃倒计时 | 期盼 G20，精彩浙江与你一起倒数》视频大片，短短一天点击量达 600 万，转发量超 10 万。浙江手机报推出原创策划专题《喜迎 G20 VR 全景看杭州地标》，以 VR 全景镜头和动态途径，让屏幕前的用户身临其

境感受杭州的美好生活，得到广泛点赞。

其次，集团采编人员深入开展"走基层、转作风、改文风"活动。自 2014 年 12 月 15 日起，浙报、钱报、浙江在线等媒体同步推出《行进浙江，精彩故事》专栏，记录记者新一轮走基层采访的精彩故事，视角新颖、文本活泼，深受读者欢迎。评论言论增强主动性、斗争性，发挥舆论引导作用。例如，针对永嘉三江违法宗教建筑拆除事件中不和谐声音，浙江日报及时配发系列评论员文章，特别是重磅推出《"三改一拆"妨碍宗教自由吗》评论，在关键时刻明是非、正视听。新闻报道改变文风，增强了用户吸引力。

（二）数字娱乐类产品：以娱乐产品为载体，变现用户价值

数字娱乐平台通过推出以游戏为核心的数字娱乐类产品，发挥着变现用户价值的功能。作为浙报集团数字娱乐平台的核心，杭州边锋和上海浩方顺利完成了三年承诺利润，继续保持行业领先地位，2015 年完成利润 40，244 万元，在公司利润占比达 45%。

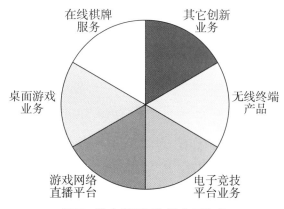

图 7 数字娱乐平台的业务构成

1. 原有业务保持稳定发展

在棋牌、竞技、桌游 PC 业务的基础上，集团对边锋平台产品线实施了进一步优化，积极进军棋牌、桌游无线市场。边锋、浩方孵化培育了云更新、战旗 TV 等具有较大潜力的项目。

在业务结构的梳理和调整方面，集团对边锋娱乐平台进行了重组，剥离了三国杀等非核心业务，进行独立运营。已上线的手游《三国杀传奇》广受市场好评，获得"2014 年度十大最受欢迎原创移动网络游戏"、"第九批'中国民族网络游戏出版工程'"等奖项。

海外游戏业务布局也取得实质性进展。美国、新加坡的海外公司已设立完成，在对已有的产品做本地化调整的基础上，加快开拓东南亚、欧美市场，针对东南亚市场的当地化手游产品也已经推出。

2. 加速数字娱乐平台媒体化、社区化、竞技化改造

在保持原有业务稳定发展的基础上，集团继续推动以边锋网络、浩方电竞平台为核心的数字娱乐平台的媒体化、社区化、竞技化改造。

媒体化：浙报集团发挥主流传媒集团内容生产的优势，在充分考虑用户接受度和使用偏好的基础上，推出了为边锋用户量身定制的新闻产品。

社区化：社区化是指将平台升级为线上线下相结合的互动娱乐社区。浙报集团有着丰富的活动资源。例如，通过推进边锋社区联赛、智力运动会等线下活动，强化提升浙报传媒现有用户黏度，促进传统媒体对读者单向传播模式朝聚集用户、双向互动的运营模式演进。

竞技化：浙报集团与国家体育信息中心达成战略合作，获得了包括电竞在内的优质体育资源，连续承办了 2014 年度和 2015 年度全国电子竞技大赛（NEST）等多项赛事。2016 年，浩方电竞平台通过资源整合和产业拓展，着力推进数字体育发展项目，线上打造贯穿全年的四大电竞赛事，线下建设实体电竞馆，集聚用户，探索全新盈利模式。通过线上线下协同，加大力度介入电子竞技赛事及上下游各环节。

3. 孵化直播平台：专注电竞事业、领先细分领域

在并购边锋平台后，浙报传媒不断创新思维，在 2014 年启动了游戏直播平台"战旗 TV"孵化项目。当年 5 月该直播平台上线，随后在短短 2 个月内便跻身国内游戏直播平台前列。战旗 TV 业务领域首选竞技游戏直播，签下了诸多国内最高级别电竞选手，并取得多项游戏赛事的独家、首家转播权，竞技化程度大大加强。同时，战旗 TV 依托上海浩方、杭州边锋平台资源，对多项线上线下赛事进行直播，持续扩大了影响力，始终在国内游戏竞技平台中保持领先地位。长期以来，"战旗 TV"坚持差异化发展，将社会效益放在首位，拒绝"低俗化"，致力于打造国内最专业的高清游戏直播平台。

（三）服务型产品：以智慧服务为载体，变现用户价值

浙报集团以数据库为基础和纽带，强化本土化、社区化，大力推进网上用户的产业化开发和服务。"钱报有礼"是钱江晚报重点打造的媒体电商平台，正在发展为集团层面的用户价值变现总平台，各种智慧服务产品正在向着这个平台聚拢，承担着变现用户价值的总体规划。这些规划以县市

报为代表的区域门户作为配套,实现从线上到线下的落地。在数字娱乐类产品之外,智慧服务型产品是集团为实现用户价值变现而打造的刚需类产品。

1. 政务服务:集聚用户的重要方式

浙报集团一直致力于建设以政务服务为核心的智慧服务生态体系,从政务服务咨询、平台设计规划、平台运营等多层面提升政务服务能力。集团旗下瑞安日报社最早尝试参与智慧政务建设,依托自己的技术开发团队,为当地智慧政务建设搭建技术平台,并提供政务服务平台运营维护服务,以及线上线下活动策划服务,实现了借助政务入口集聚用户的目标,为自身构建新媒体平台奠定了用户基础。2015年,浙报集团承接了浙江省政府门户网站和浙江政务服务网系列入口的内容运营等相关工作,组建由一线业务骨干组成的"浙江政务服务网运营中心",通过服务输出逐步构建浙江省政务服务互联网入口体系。

2. 钱报有礼:用户价值变现的总平台

"钱报有礼"是浙报传媒旗下钱江晚报公司重点打造的媒体电商平台。在成立之初,钱报有礼是钱江晚报旗下的O2O电子商务平台,依托媒体品牌和数据库资源,作为用户价值变现的方式,是钱江晚报商业模式重构的一个着力点。经过近年的发展,钱报有礼开始承担浙报集团层面的网上用户变现,各种智慧服务产品正在向着这个平台聚拢,正在发展成为整个集团实现用户价值变现的总平台。现有的媒体电商平台多为"小电商"平台,销售各类实物商品;而钱报有礼的产品线却不仅于此,钱包有礼致力于构建"大电商"平台,除了销售各类生活用品之外,还销售金融、房产、教育、旅游类产品。

　　钱报有礼推出了八款各具特点的产品：第一个是信息平台架桥理财服务的数据电商——178 理财俱乐部，2015 年经178 理财俱乐部实际成交的基金达到 50 多亿元，实名注册会员达到 12 万多人，该平台社会估值达到 10 多亿元；第二个是依托社群数据库营销的社群电商——健康直购，建立了《钱江晚报》健康直购读者体验中心；第三个是依托全媒体整合平台的全案电商——"来吧，旅行"，这是一个专门为旅游行业提供品牌咨询与管理、媒体传播与推广、活动策划与实施等综合服务的强大媒体平台；第四个是深度服务读者的流量电商——食尚生活，以农产品基地为基础，以媒体人擅长的策划能力来做市场营销；第五个是聚合中产生活产品、探索中产市场的精众电商——智能生活馆，以松下马桶盖为核心商品，聚合符合中产口味的智能化、互联网化商品；第六个是深度开发粉丝经济——打造城市 O2O 电商，

图 8　"钱报有礼"的产品结构

请进了米其林三星酒店烘焙师，通过 C2B 的方式，实行个性化甜品定制；第七个是基于大数据精准营销的电话电商，通过对现有用户数据库资源进行发掘整理以及对用户消费行为和消费偏好进行分析，来找到目标用户；第八个是读者服务中心升级为电商社区中心——打造 O2O 体验店，立足本土和社区，杭州 35 个读者服务中心（发行站），目前已改造完成 8 家钱报有礼体验店。经过近十年的发展，钱报有礼开始承担浙报集团层面的网上用户变现，有望发展成为整个集团实现用户价值变现的总平台。

3. 区域门户集群建设：媒体融合战略的下沉

浙报集团通过区域门户集群建设，将其媒体融合战略下沉到浙江省内的 11 个地市。集团旗下九家县市报在各地区探索线下文化服务综合体的布局，在着力构建区域门户的过程中，通过当地的生活网上线运营了门户电商平台电脑端，并配置了微信公众号下的微电商平台，提升了在各自区域县市的影响力、渗透力、品牌力，向枢纽型区域门户转型。2015 年，各县市报还与浙江新闻客户端合作，在移动客户端中为各地、市、县设置了地方频道，同时在 PC 端与县市报网站联手打造"新闻＋服务"的模块，与移动端地方频道相协调，完善门户布局，并以此为着力点，促进集团与各县市报之间的合作开展项目。

浙报集团将其下沉到地市的全媒体中心视为集团统领之下的"集团军"，是"地方媒体矩阵"，相较于当地媒体来说，最大的优势是有一个省级舆论制高点；未来，浙报集团各分社将致力于利用这一优势实现全省联动，利用"浙江新闻"客户端的平台和资源，打造省一级的项目品牌，打通从

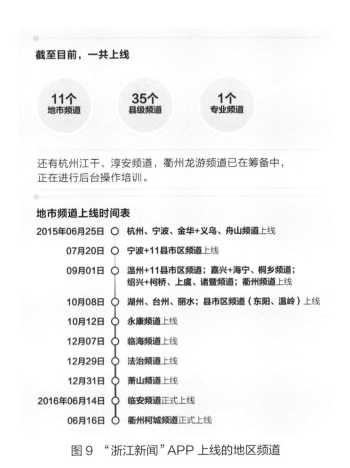

图 9　"浙江新闻"APP 上线的地区频道

地市到全省的通道。目前，浙报集团正在进一步开发运营移动端县市生活门户，完善门户布局，形成新闻、资讯、文化服务、生活服务为一体的全媒体融合服务平台。

第六章　技术与平台的关系

技术是平台的基础。新兴技术改变了社会连接方式，更带来了传播模式的深层次变化，传统媒体"一对多"的管道型传播模式逐渐式微，互联网提供的是多主体、不定向的平台型传播模式。传统媒体必须构建基于互联网连接的用户平台以聚集广大用户，而这一平台的构建显然离不开新技术的支撑。主流媒体的技术创新，不应该是单纯地拓展技术边界的创新，而应该是一个以技术进步，持续支撑、推动媒体内容生产和传播、经营创新的过程。[①] 与内容生产、传播和呈现相关的技术手段更新，是媒体技术创新的重要发力点。浙报集团自数字化转型以来始终自觉地将互联网技术与各类媒体业务结合，正在推进的"融媒体技术"和日臻成熟的数据库技术尤其体现了"互联网思维"在传媒生产和运营中的应用。

一、技术与平台关系的两个维度

技术与平台的关系体现在生产方式和商业模式两个维度上。平台化的媒体运营是浙报集团建设"枢纽型互联网传媒集团"的战略重点，也是以互联网化为本质的媒体融合发展的关键所在。在互联网环境中，平台是内容资源和渠道资源的集合，所以平台化有助于媒体组织掌握市场竞争的主动权。媒体集团的平台化运营应以大规模用户数据为基础，具备多渠道并行的互动传播能力，并且能够对媒体消费的终端市场发挥影响作用。更重要的是，从生产方式到商业模式的价值链关节点，仍然是一个技术问题——数据库技术。互联网时代的媒体经济双边市场中，内容产品和消费行为都以数据化形态存在。因此，数据取代受众注意力成为媒体经济运

---

① 蒋纯,《媒体融合时代的技术创新［J］》,《传媒评论》, 2014（10）。

行的核心通货 ① 。

（一）以新技术重构媒体生产方式

在媒体集团构建平台的过程中，技术与平台的关系首先体现在技术对生产方式的重构方面。在媒体融合发展的过程中，新的内容产品、新的内容呈现方式层出不穷，报业集团不仅需要维持报媒的发行，还要运营其网站、手机报、新闻客户端、新媒体账号等所有内容产品，如果没有一个基于信息化手段的内容生产平台，媒体就需要投入成倍的人力资本。此外，这里的生产方式不仅指媒体内容生产，还包括生产资源整合、渠道多元拓展，以及衍生服务的生产能力。也就是说，当媒体从新闻信息提供者向以新闻为核心的综合服务提供者转变时，媒体所拓展的政务、电商、医疗、养老等服务都需要承载在一个平台上，从而实现与用户的连接，这一生态级媒体平台的构建必须有强大的技术后台作支撑。

（二）运用新技术创新媒体商业模式

当媒体平台聚集了足够多的用户，并汇集了一定规模的用户数据和服务数据之后，基于大数据技术的精准营销和数据库电商将成为未来媒体平台的重要商业模式。精准营销及数据库媒体电商都是以技术创新为支点的，尤其是数据库媒体电商，基于各类无形资源实现深度整合，重新定义媒体组织在商业流通体系中的角色。基于数据库基础的平台是媒体电商业务模式得以成立的基础，因为媒体经济主体向上下游实现价值延伸的主要手段和核心能力是对信息流通的绝对主

---

① 黄森，《"媒体融合"的英美实践：内容、渠道、平台［J］》，《新闻与写作》，2016（9）。

导，而互联网环境中的信息流通都是数据化的。具体而言，数据库电商的基础是媒体组织在商业客户和个体消费者两个方向上同时展开的价值链延伸。

二、浙报集团技术创新的三个要素

浙报集团的技术创新一直围绕"内容""用户"以及二者之间的"连接"这三个要素而展开，传统媒体的基本运营逻辑是，内容吸引用户，建立和用户之间的连接，连接再变现成为广告收入。互联网时代的技术进步大大降低了信息沟通和分析的成本，使得这三个要素都出现了巨大变化。在内容方面，内容生产技术不断创新，内容呈现方式更加多元，内容产品形态也不断推陈出新；在用户方面，传统媒体面对的是模糊不清的受众群体，随着用户概念对受众概念的取代，如今，媒体面对的是一个个有具体人口统计学信息及行为信息的个体用户；在连接方面，大众传播时代以传播者为中心的传播关系逐渐瓦解，传统媒体的观众和读者也开始向互联网用户转化，互联网建立起来的是以用户为中心的、趋于平等、双向互动的传播关系。

浙报集团内容生产技术创新的核心项目"媒立方——融媒体传播服务平台"正是要以技术创新应对互联网时代内容、用户及连接这三个要素的变化。媒立方融媒体传播服务平台分成三个子系统：内容数据仓库及其应用系统，解决"内容"要素的各方面问题；用户数据仓库及其应用系统，解决"用户"要素方面的问题；新媒体云服务平台，解决"连接"方面的问题。

（一）内容数据仓库及其应用系统

内容数据仓库及其应用系统分为上层应用和支撑上层应用数据存储和挖掘的分布式大数据底层平台。其中上层应用主要包括三个部分：一是一个新闻和舆情热点自动化分析系统，能够展现近期周边新闻和舆情热点及热点预警、新闻事件提示，为记者选题、编前会等工作提供支持。二是一个全新的采编系统，强化对记者移动写稿的支持，提供以内容数据挖掘为基础的采访背景知识库支撑，支持半自动化的计算机辅助写稿。三是一个稿件的影响力评估系统，充分利用集团这几年在社会化传播形势下舆论影响力的研究成果，构建新媒体影响力评估模型，对稿件的影响力和传播质量、针对特定新闻事件的社会化舆情反馈及舆论引导效果作客观数据的研判，以便在新媒体形势下形成新闻传播方面的闭环。同时，内容数据仓库还在采编流程上强化了"中央厨房"体系，在内容生产方面，提供一稿多发、一稿多编功能，支持所见即所得的编辑，以及对数据图表的生成和视频、交互式程序的流转。

（二）用户数据仓库及其应用系统

浙报集团在并购边锋网络平台的时候，获得了"边锋通行证"的成熟技术系统，并将其改造为"浙报通行证"统一用户认证系统，作为整合利用用户资源的基础，由此，浙报在传媒业同行中第一个真正建立起基于互联网的用户数据仓库。用户数据仓库包括用户数据采集系统、用户数据挖掘分析引擎及底层大数据架构，其核心价值在于通过用户的人口统计学特征及用户的行为信息建立用户画像，让媒体了解每个用户的基本属性及特征，从而进一步挖掘用户对内容和各类服务的需求，为用户提供更有针对性的信息及服务，同时还可以基于用户偏好建立精准营销及数据化电商系统。

（三）新媒体云服务平台

新媒体云服务平台是一个 SAAS 平台，以移动端战略为核心，力争助推集团在 PC 互联网切换到移动互联网的时代能实现弯道超车。整体平台分为开放平台和产品插件应用两个部分。开放平台提供基础的面向微信公众号、百度直达号、新浪微博等互联网大开放平台以及 APP、网站的自适配发布能力，支持多账号媒体权限的管理、运维管理等功能，支撑用户社群功能和相关公共接口的接入。

产品应用插件部分将包括电商、活动等公用组件，针对各大开放平台的管理组件，以及每个产品的个性化组件，并提供产品组件分享功能，使之成为一个产品开放的生态系统。新媒体云服务平台和照排系统对应，成为融媒体时代媒体与用户之间的连接手段。

"媒立方"融媒体传播服务平台不仅是面向业务发展的平台，同样重要的是，它引入了大量互联网"新"技术对媒体现有的基础技术体系进行升级换代，如数据库方面的 Hadoop 和 Spark 架构，前端部分基于 H5 的设计，以及非结构化数据库的思想。这里之所以对"新"打引号，是因为对互联网来说，这些技术已经是成熟的技术，但是对媒体来说，是从未运用过的新技术。这些基础架构虽然在业务层面上看不到，但就像房子的地基，决定着整个信息技术系统在新媒体时代能走多远。以这些"重点项目为抓手"引入的技术架构升级，可以使媒体的后台技术架构和互联网企业站在同一代的水平上，有利于面向互联网的进一步融合发展。

"媒立方"平台全部建成后，不仅能够支持内容生产和分发的互联网化，更能够创造传媒品牌和公信力变现的机会，同时还能够为区域性党务、政务及政府公共资源的安全、有效地开发利用创造可能。从"媒立方"融媒体传播服务平台的规划中可以看出，浙报集团希望系统地建设内容数据库及用户数据库，并通过新媒体云服务平台实现集团的内容产品从 PC 终端向手持移动终端的过渡。[①]

三、浙报集团技术应用的三个阶段

传统媒体的技术创新属于"二次创新"[②]，即"在技术引进的基础上进行的，囿于已有技术范式，并沿既定技术轨迹而发展的技术创新"[③]。但是浙报集团的传媒技术创新演化路径则体现出了开放集成式"二次创新"的特征，无论是技术引进还是组织学习等方面都对互联网技术持有开放、动态和非线性的积极态度。

从技术与平台的关系出发，浙报集团的技术发展历程可以划分为三个阶段。三个阶段既有承前启后的联系，也都独立发展成为集团的媒体融合战略的不同重点领域。

（一）立足运营效率的技术支持

初级阶段的传媒技术革新主要是采用新媒体技术手段支持媒体核心内容的多元化呈现和传播，以及提升内容生产的

---

① 宋建武、陈璐颖，《建设区域性生态级媒体平台——打造新型主流媒体的路径探索［J］》，《新闻与写作》，2016（1）。

② 吴晓波，《全球化制造与二次创新：赢得后发优势［M］》，机械工业出版社，2006。

③ 吴晓波、马如飞、毛茜敏，《基于二次创新动态过程的组织学习模式演进［J］》，《管理世界》，2009（2）。

质量和效率，这一阶段的最终形态是实现内容融合。2012年，浙报集团自主设计、规划建设了"全媒体融合智能信息服务平台"，旨在实现由大数据分析和云计算技术支撑新闻生产。该平台最初由三个部分组成：一是5000万量级的用户数据库；二是专业化、规模化的内容数据库，包括报刊资源库、图片资源库、网络资源库、微博资源库、微信资源库，涵盖集团各媒体的全部内容资源，还有浙报集团合作单位的内容数据和接口资源；三是智能化的云服务开放平台。融媒体平台的这三个子系统分别解决了内容要素、用户要素和连接要素的问题。

（二）面向平台融合的技术创新

在完成媒体生产和传播技术的升级之后，平台融合成为媒体技术升级的必然选择。因为互联网环境中的传媒竞争所考验的不只是内容竞争力，更是提供精准有效的服务能力，以及对消费群体和连接渠道的掌控力。平台融合，就是要将由不同用户入口形成的用户平台有效地连接起来，将不同的用户数据库有效地打通，形成一个更大的、普遍联系的平台。

2014年，浙报集团基于多年来在新媒体发展中积累的互联网资源和产品开发经验，制定了"媒立方——融媒体传播服务平台"建设规划。对于媒体运营来说，"媒立方"是中央指挥部，它包括大数据平台和传播服务平台，利用大数据优化内容制作、存储、分发流程，使新闻传播实现一站式生产、全媒体发布、智能化分析、精确化服务[1]。对于内容生

---

[1] 《浙报集团副社长蒋国兴：没有用户一切都是白搭》，《中国报业》，2016.8

产来说，"媒立方"是中央厨房和中央稿库。在生产过程中，它可以为记者提供相关主题的所有已有稿件和研究报告；在稿件刊发后，它可以查询稿件阅读量（PV 和 UV）。[①] 现阶段"媒立方"以支持《浙江日报》、浙江新闻 APP、浙江在线、浙江手机报等核心层媒体上的融合协同生产为目标，之后还将探索垂直内容领域的多渠道、多终端融合生产，最终目标定位于构建品牌内容生产线，将融媒体生产技术与媒体产品和服务无缝连接。

"媒立方"项目与浙报集团自主研发的社会化舆情分析监测和数据服务产品"讯鱼"相结合，对单篇内容发布后的微博传播路径进行跟踪，自动生产数据报告，供记者编辑参考。这一技术在内容生产上极大地方便了同主题跟踪报道的生产；在生产管理上又可以为绩效考评提供客观依据；在传统媒体转型方面，还可以成为传统新闻记者编辑提升互联网化内容生产的适应能力。浙报集团对"媒立方"和"讯鱼"的技术整合，是中国传媒业中的首创，却与美国《纽约时报》2016 年 8 月启动的 Stela 计划，英国《卫报》2014 年底开始的 Ophan 计划相互呼应。《纽约时报》内部分析系统 Stela 可以让编辑查看每篇报道的流量实时变化，不断测试标题的流量反馈，还可以让记者通过分析数据改进报道，甚至从中挖掘更多新闻点。[②] 英国《卫报》Ophan 计划启动更早也更加完善，该计划对单篇报道的监测指标包括：浏览量和点击量，不同地理位置和终端设备的浏览量，

[①] 《浙报集团总编辑鲍洪俊：推进媒体融合发展的"三三"战略》，《传媒评论》，2016.1

[②] 《纽约时报数据分析系统》，《全媒派》，2016.8

社交网站上的点击量，单篇报道平均注意力时间，点击率最高的 6 条社交媒体分享，跳转另一报道、返回主页和直接离开的读者比例。该技术是记者编辑了解市场需求的学习工具。①

（三）探索价值变现的技术应用

基于对内容和用户资源进行数据化整合的经验，浙报集团正在逐步把大数据产业培育成为新的业务平台。对于报业媒体来说，这在全国甚至世界范围内都是首创。浙报集团正在建设的浙江省大数据交易中心和互联网数据中心，集聚大数据上下游相关企业，孵化优势创新企业，形成大数据产业集聚效应，最终形成以交易中心为核心，集聚大数据供应方、需求方和加工服务商的大数据交易生态系统。这一举措将从数据层面统领公司"3+1"大传媒平台的协同发展，通过对原各板块业务流程的再造，提升原有业务的经营水平，促进原有业务的发展；同时实现各业务板块间数据的互联互通，以后台大数据中心和云计算平台为支撑，全面推动现有内容数据和用户数据的共享，从而提升数据的商业价值。

总体而言，数据库技术的发展，对于传统媒体是巨大的挑战。媒体应将数据库作为媒体平台的主要资产，通过数据挖掘、数据分析及数据应用，实现精准营销和数据库电商的新商业模式，实现个性化信息内容的生产，实现内容产品的智能分发；在此基础上，通过整合社会信息资源建立起大型内容和用户数据库，实现"数据化生存"。

---

① 黄淼,《"媒体融合"的英美实践：内容、渠道、平台［J］》,《新闻与写作》, 2016（9）。

四、技术发展的组织和制度支撑

浙报集团的技术创新和应用能够以较快速度取得惊人成绩，其内在原因在于集团在组织和制度上提供了有力支撑。

（一）引进技术人才　建设技术团队

技术人员在媒体组织中比例的大幅上升是传统媒体转型成功的重要标志。2013 年，收购边锋浩方网络平台为浙报集团注入了 800 余名技术专业员工，其核心团队均为业内专业资深人士，具有很强的专业技术能力。这一批技术力量的加入为浙报集团的人才构成转型带来巨大推动力。同时，基于网络平台的技术基础，浙报集团在全国范围内率先成立了数据库业务部，该部门引进了一批来自于国内知名互联网企业的优秀技术人才，进一步加强了公司技术力量。截至 2016 年年中，浙报集团员工 6400 余人中已有新媒体人员近 2100 人，占到集团员工比例的 1/3，而其中的技术研发人员已有 1100 多人。

（二）完善人才管理制度　激发技术人才创造力

互联网企业的人力资源管理经过多年发展，已经形成一套独特的人才文化和市场惯例，与传统媒体作为国有企业体制有明显差异。2014 年，浙报集团在同行业中率先出台《互联网技术人才管理办法》，明确了互联网技术人才引进、管理、培养、使用的一系列制度、举措。2015 年，浙报集团又在考察阿里巴巴、腾讯等主流互联网企业的基础上，建立了与互联网企业能匹配的技术专业人才体系"P 序列"，为互联网人才的引进和任用提供制度保障。[1]

---

[1] 蒋纯，《以浙报集团为例谈媒体融合时代的技术创新》，《传媒评论》，2014.11

2016 年，基于融合发展对技术型人才的需要，浙报集团进行了技术团队的重组整合。根据业务和职能划分，经董事会批准，公司重组设立了数据业务中心、产品研发中心、新媒体运营中心、政务服务网事业中心、投资和研究中心五个职能机构，大大加强了公司在新媒体技术方面的产品研发、运营能力，进一步扩大了集团在同行业中的技术领先优势，强化技术团队在转型中的支撑作用。在制度建设方面，集团继续推进《互联网技术人才管理办法》的实施，逐步深化绩效考核改革，推行 KPI 考核，分批推进 P 序列（专业序列）岗位管理制度。除组织和制度之外，技术人才的管理创新还体现在内部创业孵化，传媒梦工场也提供了技术人才保障。

第七章 团队与平台的关系

团队是平台的灵魂。浙报集团高海浩社长在题为《"新闻 + 服务"的融合之道》的讲话中，将媒体融合的逻辑归纳为三个方面——重塑传播逻辑、重构商业模式和重建制度环境。其中的"重建制度环境"主要是指通过改革创新体制机制，实现全员融合、全员创新。高海浩认为，传统媒体人能不能实现转型是一切问题的关键。基于长期的实证研究和理论探索，宋建武教授提出，以互联网化为核心的媒体融合在人事制度变革上集中体现为"人的融合"。传统媒体转型发展的关键是建设一支能够适应媒体融合发展和互联网平台运营，涵盖内容生产、商业运营和技术支持等多类专业人才的团队。其根本在于如何推动团队观念的转变。

从事业体制和科层制度向互联网企业人力资源体系的转变，传统媒体组织人事制度改革的根本在于推动人员观念的转变。处于转型期的制度设计，其使命是营造一个有助于人员观念转变的支持性组织环境。当媒体融合向纵深发展，传统媒体组织面对的人才结构问题不是商业和技术领域的人才缺失，而是人员观念无法充分适应互联网化运营。互联网化平台需要的是"用户需求发现型"而非"媒体资源经营型"的商业人才，是"研发型"而非"保障型"的技术人才 [①] 。当传统媒体集团完成媒体融合初期发展，进入平台化的资源整合和战略运营之时，用户导向和技术创新的重要性更加凸显。前者代表着不可违背的市场逻辑，后者则是互联网时代媒体的生产和传播工具实现进步的必要前提。简言之，以组织管理手段创造支持性环境，促进人员观念恰当且到位的转变，是以互联网化为目标的媒体融合在纵深发展期需要解决的关键问题。

浙报集团的人才管理新措施包括针对技术人才施行的"P序列"计划、围绕"用户即阵地"的绩效考核和激励制度、发挥媒体组织作为"知识和学习型团队"的人员培训制度，以及响应"自主创新"政策号召和呼应互联网创新文化的内部创业机制。新的人才管理措施一方面横跨内容生产、商业运营和技术创新多个方面，另一方面纵贯资源整合、生产组织和渠道支持多个环节，是对平台化运营的集团战略的充分体现。

人员考核和激励、员工培训和内部创业，这三项人才

---

① 宋建武，《媒体融合时代的创新》，《新闻与写作》，2014.8

管理举措是浙报集团新三年规划中"人才支撑战略"的重点内容。

一、以制度留住互联网技术人才

依据 2014 年推出的《互联网技术人才管理办法》，浙报集团在人才使用上建立技术通道和管理通道双向通畅的职业发展通道；在薪酬与绩效考核上，分级设定年度薪酬标准，并实行末位淘汰。在这一办法的基础上形成的技术人才"P序列计划"又进一步细化了技术人才的考核标准，用更加灵活和公平的激励和考核体制来吸引人才，留住人才。

针对采编人员的考核和激励的变革体现在三个方面：产品评价、业务流程和技术专业。第一个方面的激励手段主要依靠科学有效的内容影响力评价体系。评价机制以核心层媒体为基础，同时将全媒体和全流程的产品影响力都纳入考量。稿件成稿后进入统一稿件池，被媒体采用给予基础分，并根据内容影响力系数和专家评价计算奖励分。第二个方面是贯通采编资源从生产到发布再到产业运营的全产业链价值。这一制度主要针对集团旗下具有品牌价值的内容生产线，鼓励品牌内容资源以品牌工作室的方式实现从核心内容产品到衍生媒体服务的价值链延伸。第三个方面是对专业技术人才"P序列考核"制度的支持，即在技术专业考评的基础上实行 360 度专业评价，建立采编专业序列的晋升制度，形成可上可下、可进可出的用人机制。

二、以考核指标引领观念创新

为了推广用户思维，浙报集团在 2015 年将"用户为中心"的理念纳入分级考核、优胜劣汰的制度体系中，增加了用户指标考核在各子媒体领导班子绩效考核中的权重。

三、以系列培训提升职业素质

以建设"枢纽型互联网传媒集团"为行业转型目标的浙报集团，其互联网化程度在中国报业中已处于领军位置。尽管如此，浙报的员工职业素质现状与互联网平台化媒体运营的要求相比，仍有较大提升空间。其主要原因在于，平台化媒体运营所基于的互联网基因，是传统媒体从业人员较为缺乏的职业素质。不过，浙报集团从 2013 年开始的围绕"全媒体元年"战略主题实施的一系列员工培训，对行业同仁仍具有一定参考借鉴价值。首先，浙报集团的员工培训打通了不同专业领域的界限，强调新型传媒人才应该在核心专业技能的基础上具备互联网思维方式。其次，集中化和主题化的培训与日常经验交流相结合，将互联网思维反映在常学常新的职业学习文化中。最重要的是，集团投注资源建立专业化、成规模、成体系的浙报学院，将员工培训上升到转型战略的高度给予支持。

在 2013 年，集团组织了一场覆盖全员的全媒体专题培训，这是浙报传媒上市后首次大规模全员培训[①]。这一培训突出专业性和实战性，首次引入破冰、团队精神等拓展内容，旨在为集团的员工文化注入互联网基因。2014 年集团开始第二轮媒体融合深化培训，重点转移到"技能全面提升"，全年共举办 8 期"技术达人特训营""神奇四侠"新

---

① 《浙报集团："新"党报人是如何炼成的？》，《看传媒》，2016.6

闻技能大赛，促进员工对传媒前沿技术以及全媒体条件下内容生产理念、方式创新的认识与应用，确保培训对集团内部转型的推进力。连续两年的全媒体融合创新全员专题培训，员工好评率达 96.3%。同时，与集中培训相呼应的日常学习平台也逐步常规化。例如，新媒体中心每周二晚举行的分享会，还有浙报传媒公司不定期开放的"600633 咖啡馆"。

2015 年年底、2016 年年初集团开展两轮专门针对采编人员的融媒采编实务专题培训，其中第一轮有 740 多名采编人员参加，总共有两千多人次。这次培训针对采编人员的不同需求实行课程选修制，内容涵盖集团多媒融合战略解读、媒立方带来的变革、融媒条件下的报道专业化、重大主题新闻的融合报道策划、新媒体采编规范以及全媒体新技能的实操训练等。在专业培训方面，上市公司启动了浙报传媒内训师队伍建设工作，挖掘了一批有经验、有意愿、有潜力的内训师候选人，并进行针对性的课程开发和授课技巧训练，为内训师资队伍建设打下了良好的基础 ① 。

2016 年 3 月，集团明确提出打造专业化、系统化、科学化的新型学习培训体系，成立了高海浩社长担任主任的集团学习委员会；同时成立了浙报党校、浙报学院（两块牌子一套人员），作为新型学习培训体系的主要执行和运营机构，集团各职能部门协同、各直属单位配合执行。实现了学习培训从过去人力资源部的兼职管理，变为有专门载体的专业化运营。集团明确各直属单位负责人是本单位学习培训第一责

---

① 浙报传媒集团股份有限公司（600633）2015 年年度报告。

任人；实行学习积分管理制度，把学习与员工考核、晋升以及职业成长结合，进一步激励员工将学习与实践进行有机结合。在 2016 年出台的新三年规划中，集团的员工培训工程将着力于三个方面：打造浙报学院培训品牌，组建集团内训师队伍和建立多方联动培训机制，最终形成一个多渠道、多种类、多层次、全覆盖的集团人才教育培训新格局。

四、鼓励内部创业，挖掘人才潜质

在浙报集团的发展历程中，具有创业性质的开拓精神始终都被集团上下高度重视。实际上，报人转型的实质就是对互联网的生存规则的学习和适应。而无论是"产品经理思维"还是"互联网思维"都在浙报集团鼓励内部创业和坚持"用户即阵地"的人员考核理念中得到了充分体现。

浙报集团将员工内部创业也纳入到整个组织的互联网化进程中。集团参照中国新媒体创业大赛的赛制流程和创新选拔机制，从 2014 年开始推出创新孵化计划，实际上就是内部新媒体创新大赛。每期大赛 50 余个项目到台上 PK，200 多名采编人员参与，最后评选出 20 余个优秀项目。集团专门出台新媒体创新孵化管理办法及实施细则，投入 2000 多万元进行孵化和扶持。经过半年多创新孵化，一批优秀新媒体项目快速成长。在开发运营新媒体项目的过程中，采编人员逐步形成并强化了互联网思维，成为推动融合发展的骨干力量。

结　语

《浙江日报》报业集团的媒体融合转型具有以下突出特点：

其一是高度前瞻和自觉。浙报集团领导层较早觉察到互联网传播技术的发展对传统媒体的冲击，确立了顺应互联网发展趋势，积极主动推动媒体融合转型的指导思想，提出了以"用户为中心，建设互联网枢纽型传媒集团"的战略目标。在此战略目标指引下，浙报集团在媒体融合发展过程中坚持"传媒控制资本、资本壮大传媒"，"新闻传播价值，服务集聚用户"两大发展理念，积极探索适合自身发展的商业模式和体制机制，不断丰富媒体产业链及业务内容，实现了浙报传媒主营业务的结构转换，加快推进了集团的转型升级和科学发展。

其二是勇于探索、实践和创新。作为国内第一个明确提出"建设互联网枢纽型传媒集团"目标的主流媒体集团，浙江日报集团没有现成的模式可以借鉴。他们紧紧围绕"以用户为中心"，借助旗下上市公司浙报传媒的资本平台，并购了互联网游戏平台，建设了新闻传媒、数字娱乐、智慧服务和文化产业投资"3+1"的新型媒体平台。在媒体融合发展中，浙报集团着重处理好用户与平台、产品与平台、技术与平台、团队与平台等四组关系。他们把用户作为平台构建的关键，积极打造新闻、娱乐、服务等各类用户入口，构建内容数据库和用户数据库，打通各类用户数据；他们把产品看作是平台黏住用户、实现用户价值变现的载体，把平台作为产品连接用户的场所，使产品依托平台发挥功能，为用户提供丰富多样的服务；他们自觉地将互联网技术与各类媒体业务结合，以互联网技术支撑平台建设；他们以组织文化创新和制度创新来促进团队观念的转变，以"人才支撑战略"，革新激励机制、建立培训体系、鼓励内部创业，创造互联网转型的支持性环境；他们还充分发挥党报集团的优势，获得了运营浙江政务服务网的战略机遇，并在近期再一次借助资本平台，启动浙江省大数据交易中心和大数据云计算中心（IDC）的建设，进入大数据产业，把控住大数据产业的咽喉，正在从信息总汇升级为数据总汇。

这些努力的结果是，在宏观经济减速和传统报业滑坡的大环境下，依托来自互联网和非媒体板块的收入大幅提高，浙江日报集团仍保持了营收和利润规模的稳定增长，集团收入结构更趋合理，抗风险能力进一步提高，综合实力显著提升；集团并通过展开在大数据产业的战略布局，为今后十年到二十年的可持续发展奠定了良好基础。

基于上述情况，我们完全有理由说，《浙江日报》集团的媒体融合转型发展，走在了全国媒体行业的前列。

（作者：宋建武等，本文略有删节。宋建武，中国人民大学教授、博导，中宣部新媒体融合专家组成员，担任多家大型媒体集团顾问。）